KAP
ST
ADT
WINE LANDS
GARDEN ROUTE
INSIDER-TIPP
Deine Abkürzung ins Erleben!
Reisen mit MARCO POLO Insider-Tipps

MARCO POLO TOP-HIGHLIGHTS

COMPANY'S GARDEN 1

Große Bäume, kleine Grauhörnchen und die wichtigsten Museen der Stadt.

Tipp: Ein Selfie vor dem 350 Jahre alten Birnbaum aus Kolonialzeiten – der älteste Obstbaum Südafrikas.

➤ S. 31

DISTRICT SIX MUSEUM 2

Niedergerissen und vertrieben. Das Museum erzählt Südafrikas rassistische Vergangenheit anhand des historischen Stadtteils und dessen Bewohnern.

➤ S. 35

VICTORIA & ALFRED WATERFRONT 3

Eindrucksvolles und lebendiges Vergnügungs- und Einkaufszentrum am Hafen.

Tipp: Während du wartest, bis nachmittags die Seehunde am Pier faulenzen, fotografier das Hafenspektakel vom Riesenrad aus.

➤ S. 39

ROBBEN ISLAND 4

Ex-Häftlinge führen über die Insel, auf der Nelson Mandela den Großteil seiner Haft verbrachte.

Tipp: Der metallene Riesen-Bilderrahmen schafft neue Perspektiven auf den Tafelberg. Sei kreativ!

➤ S. 42

KIRSTENBOSCH NATIONAL BOTANICAL GARDENS 5

Mehr als siebentausend verschiedene Bäume, Büsche und Blumen wachsen hier direkt am Fuß des Tafelbergs.

Tipp: Der „Boomslang"-Baumkronenpfad ist ein Selfie-Hotspot mit Bergwaldkulisse – spektakulär grün!

➤ S. 44

TAFELBERG 6

Das imposante Bergmassiv überragt Geschäfts- und Vergnügungsviertel. Um das Wahrzeichen der Stadt ranken sich zahlreiche Geschichten und Legenden.

➤ S. 45

GROOT CONSTANTIA 7

Weinfarm, Museum und Restaurant: Südafrikas ältestes Weingut verbindet kolonial und köstlich auf ganz spezielle Weise, wusste auch schon Napoleon.

➤ S. 46

KAP DER GUTEN HOFFNUNG 8

Ein Ausflug in den Nationalpark ist ein Muss für jeden Besucher – dazu gehört auch die Fahrt über den Chapman's Peak Drive.

Tipp: Am Weg zum Cape Point die Kamera bereithalten! Häufig kommen dir auf der Straße zum Kap Strauße entgegen.

➤ S. 53

VERGELEGEN 9

Das Weingut gilt als eines der schönsten Südafrikas und ist deshalb *der* Vorzeigebetrieb.

➤ S. 132

FRANSCHHOEK 10

Leckere Weine und Galerien – bei den Nachfahren französischer Einwanderer geht es um die feineren Dinge des Lebens. Ach, und dann gibt's auch noch ein malendes Schwein.

➤ S. 134

INHALT

**BESSER PLANEN
MEHR ERLEBEN!**

Digitale Extras
go.marcopolo.de/app/kap

Besuch planen

€–€€€ Preiskategorien

(*) Kostenpflichtige Telefonnummer

Bei Regen

Low Budget

Mit Kindern

Typisch

(A2) Herausnehmbare Faltkarte
(a2) Zusatzkarte auf der Faltkarte
(0) Außerhalb des Faltkartenausschnitts

MARCO POLO TOP-HIGHLIGHTS
2 Die 10 besten Highlights

DAS BESTE ZUERST
10 ... bei Regen
11 ... Low-Budget
12 ... mit Kindern
13 ... typisch

SO TICKT KAPSTADT
16 Entdecke Kapstadt
19 Auf einen Blick
20 Kapstadt verstehen
23 Klischeekiste

26 SIGHTSEEING
30 Südliche City Bowl
35 Nördliche City Bowl
38 Waterfront, Bo-Kaap & Green Point
43 Außerdem sehenswert
50 Ausflüge

56 ESSEN & TRINKEN

70 SHOPPEN & STÖBERN

82 AUSGEHEN & FEIERN

AKTIV & ENTSPANNT
94 Sport, Spaß & Wellness
96 Feste & Events
98 Schöner schlafen

ERLEBNISTOUREN
104 Kapstadt perfekt im Überblick
107 Gärten und Geschichte in der Innenstadt
110 Observatory und Woodstock: Gentrification live
113 Beachfront Promenade: Spaziergang am Meer

116 GARDEN ROUTE

126 WINE LANDS

GUT ZU WISSEN
136 DIE BASICS FÜR DEINEN STÄDTETRIP
Ankommen, Mobil sein, Vor Ort, Notfälle, Wichtige Hinweise, Wettertabelle
144 SPICKZETTEL ENGLISCH
Nie mehr sprachlos
146 KAPSTADT-FEELING
Bücher, Filme, Musik & Blogs
148 TRAVEL PURSUIT
Das MARCO POLO Urlaubsquiz
150 REGISTER & IMPRESSUM
152 BLOSS NICHT!
Fettnäpfchen und Reinfälle vermeiden

MARCO POLO

DIGITALE EXTRAS

DIGITAL NOCH MEHR ERLEBEN

Schneller in Urlaubslaune kommen.

Perfekt organisiert sein – vor, während und nach dem Urlaub.

Mit der MARCO POLO Touren-App und unseren digitalen Angeboten.

Noch mehr Trendziele, Inspiration und aktuelle Infos findest du auf **marcopolo.de**

Werde Teil unserer Reise-Community und folge uns auf **Instagram** und **Facebook!**

SO EINFACH GEHT'S

1. Website besuchen
2. Die digitale Welt von MARCO POLO entdecken
3. App runterladen und ab in den Urlaub

Alle Infos zum digitalen Angebot unter **marcopolo.de/app**

DAS BESTE ZUERST

Spektakulär: der Tafelberg und das erwachende Kapstadt

BEST OF BEI REGEN

SCHÖN, AUCH WENN ES REGNET

UNTER WASSER IM TROCKENEN

Indisch und atlantisch? Das *Two Oceans Aquarium* zeigt Buntes und Faszinierendes aus Südafrikas beiden Ozeanen. Hier bleibst du auch unter Wasser trocken – es sei denn, du buchst einen geführten Tauchgang.

➤ S. 40

UNTERM DACH DER MEGA-MALL

Canal Walk ist mehr als ein Einkaufszentrum: mehr Essen, mehr Shopping und noch mehr Kino. Man kann hier prima einen ganzen Tag verbummeln. Neben großen, internationalen Ketten findest du in den Seitengängen auch Kleinhändler, die afrikanischen Krimskrams und Kleidung verkaufen.

➤ S. 76

INS MUSEUM

Südafrika verstehen, ohne seine gewaltvolle Vergangenheit zu kennen? Schwer vorstellbar. In Museen wie dem *District Six Museum* wird die Geschichte der Regenbogennation neu aufgerollt (Foto). Einen Blick in die Vergangenheit und zugleich in die Zukunft wirft der Newcomer unter den Museen: das *Zeitz-Museum für Zeitgenössische Afrikanische Kunst*.

➤ S. 35, 42

REGENSICHER KLETTERN

Warum nicht einen Regentag für eine Kletterpartie nutzen? Dafür geht man am besten in die Halle von *CityROCK*. Nach der Neueröffnung 2018 wuchs das Studio auf die vierfache Größe!

➤ S. 94

AUF DER GEWÜRZSTRASSE

Ein Weingut oder ein Dorf? Auf der *Spiceroute* bei Paarl kostest du dich nicht nur durch exquisite Weine, die zahlreichen Häuser auf der Farm bieten auch selbstgebrautes Bier, handgemachte Schokolade, Biltong und afrikanischen Nippes. Auch bei Regen klasse!

➤ S. 130

BEST OF LOW-BUDGET

FÜR DEN KLEINEN GELDBEUTEL

LECKEREIEN PROBIEREN

Gute Nachbarn kommen nie ohne Leckereien vorbei! Jedes Wochenende kannst du auf dem trendigen *Neighbourgoods Market* in Woodstock Käse, Pesto, Biltong und mehr von lokalen Händlern verkosten. Das Publikum ist jung und stilbewusst.

➤ S. 79

PASTA UND KINO

Nicht ganz zum Nulltarif, aber fast geschenkt: Im *Labia*, dem ältesten und schönsten Kino Kapstadts, laufen Filme abseits der Blockbuster. Von Sonntag bis Donnerstag gibt es in einem der umliegenden Cafés Kinokarten und Speisen für zwei Personen um 110 Rand. Das Kino-Burger-Special am Montag kostet 200 Rand.

➤ S. 89

EIN NACHMITTAG MIT AUTOREN

Die *Book Lounge* in der Innenstadt organisiert jede Woche Lesungen mit führenden Autoren Südafrikas. Der Eintritt ist frei, ein Glas Wein oder Orangensaft gibt's häufig gratis dazu.

➤ S. 74

FREIBAD MAL ANDERS

Monsterwellen und Eiswasser? Der Atlantik kann fies sein. In den *Tide Pools* von Kalk Bay und Simon's Town (Foto) kannst du trotzdem schwimmen. Die geschützten Meerwasserbecken werden von der Sonne aufgeheizt.

➤ S. 52

KUNST UND EIN GLÄSCHEN WEIN

Echt jetzt? Eine afrikanische Stadt als Tummelplatz der *Galerien und Ateliers?* Das ist Kapstadt. Und an jedem ersten Donnerstag gibt's kostenlosen Eintritt. Dabei kannst du mit den Künstlern über deren Werke plaudern und bekommst ein Glas Wein aufs Haus. In Cafés und Clubs werden auch Theaterstücke aufgeführt.

➤ S. 82

SPANNENDES FÜR GROSS & KLEIN

SAFARI

Keine Zeit für die großen Nationalparks? Kein Problem! Entlang der *Garden Route* findest du etliche sogenannte *Game Reserves* (Foto), die geführte Safaris anbieten. Mit dem nötigen Kleingeld gibt es die Safari auch per Helikopter und danach eine entspannende Spa-Behandlung.

➤ S. 134

WEINFARM SPIER

Eine Weinfarm für Kinder?! Ja, diese in *Stellenbosch* hat tatsächlich für Groß und Klein etwas zu bieten: Ein Raubvogelzoo, ein Markt für afrikanisches Handwerk und Traubensaftverkostungen lassen andere Weingüter alt aussehen. Man kann die Reben sogar mit dem Segway erkunden.

➤ S. 130

STRAUSSE FÜTTERN

Funfact: Das Auge eines Straußes ist größer als sein Hirn. Dafür hat er hübsche Wimpern. Auch sonst ist er ein recht schräger Vogel. Selbst davon überzeugen kannst du dich beim Füttern auf der *Cape Town Ostrich Ranch*.

➤ S. 50

GLÄNZENDES AUS AFRIKA

Ein Juwel für Kinder – oder zumindest ein Halbedelstein. Abseits des Shopping-Getümmels der *V & A Waterfront* wühlen Kinder in dieser überdimensionalen Sandkiste gefüllt mit bunten Schmucksteinen nach dem schönsten Klunker.

➤ S. 40

TEMPO!

Der *Tygerberg* (eigentlich eine ganze Bergkette) ist der Hausberg der nördlichen Vororte. Ihn kann man auch auf die wohl amüsanteste Art erkunden – per Sommerrodelbahn. Das kleine Vergnügungsviertel vor Kapstadt liegt abseits des Touristenstroms.

➤ S. 51

BEST OF

TYPISCH

DAS ERLEBST DU NUR HIER

TAFELBERG, SCHLAFENDER RIESE

Der „Felsmann“ oder doch ein „schlafender Riese“? Dutzende Legenden beschreiben den *Tafelberg* als dicken, alten, liegenden Mann. Und doch ist er eigentlich ein Topmodel, millionenfach fotografiert. Sportliche Besucher besteigen ihn zu Fuß, praktisch ist aber auch die Seilbahn. Oben angekommen: ein sensationeller Ausblick!

➤ S. 45

DAS GEFÄNGNIS NELSON MANDELAS

Auf der Gefängnisinsel *Robben Island* verbrachte Nelson Mandela 18 Jahre in politischer Gefangenschaft. Geleitet werden die Touren von ehemaligen Gefangenen.

➤ S. 42

DAS ANDERE KAPSTADT

Wellblechhütten und Lebensfreude trotz widrigster Umstände – auch das ist Kapstadt. Komm ins *Township* und lern die Bewohner bei einer geführten Tour kennen!

➤ S. 49

SUNDOWNER AM MEER

Kapstadt hat die schönsten Sonnenuntergänge der Welt. Und dazu gehört ein Sundowner: ein Cocktail mit Rum und Ananas. Oder lieber ein eiskaltes Castle Lager, eine Flasche Savanna-Cider oder ein Glas Chardonnay? Am schönsten ist das in der Restaurant-Bar *Azure* des Hotels Twelve Apostles in Camps Bay.

➤ S. 63

EPIZENTREN DES NACHTLEBENS

Lange Zeit galt die *Long Street* (Foto) mit ihren vielen Clubs, Bars und Kneipen als das Partyzentrum der Stadt. Dort ist auch weiterhin eine Menge los – die wirklich angesagten Läden findest du aber inzwischen zwei Parallelstraßen weiter in der *Bree Street*.

➤ S. 30, 82

SO TICKT KAPSTADT

Bunt, exzentrisch, lebensbejahend – der Vibe vieler Kapstädter

ENTDECKE KAPSTADT

Cafés und Restaurants, Hotels und Bars beleben die Long Street in Central Cape Town

Das Ritual wiederholt sich jeden Sommer: Die Kapstädter strömen in Scharen in die Adderley Street. Auf der Bühne singen südafrikanische Popstars bis zum Sonnenuntergang. Dann wird die Weihnachtsbeleuchtung angeknipst. „Ist Kapstadt nicht die schönste Stadt der Welt?", ruft der Moderator – und Zehntausende Kapstädter reißen die Arme hoch und bejubeln ihre Stadt.

In Momenten wie diesen spürt man, wie stolz die Kapstädter auf ihre Stadt sind. Sie nennen sie liebevoll Mother City – die Mutter aller Städte. Diesen Namen verdankt Kapstadt der Tatsache, dass sie die älteste Stadt des Landes ist: Vor über 300 Jahren hatten die ersten europäischen Siedler an diesem herrlichen Fleckchen Erde ihr Lager aufgeschlagen.

1488 Der Portugiese Bartolomeu Dias umsegelt erstmals das „Kap der Stürme".

1652 Die Niederländische Ostindien-Kompanie (VOC) gründet eine Versorgungsstation für Schiffe. Der Beginn der Kolonialzeit

1806 Die Briten übernehmen die Kontrolle über die Kapkolonie.

1910 Kapstadt wird Teil der Südafrikanischen Union.

1967 Erste erfolgreiche Herztransplantation der Welt in Kapstadt

BUNTES VOLK, RAUE NATUR

Im Zentrum der heutigen 5-Mio.-Metropole thront das mächtige Tafelberg-Massiv. Der Eintausender ist ein Hügel, verglichen mit Europas Bergen, und doch schätzen ihn die Kapstädter als schattenspendenden „Wächter" über ihre Stadt. Im Zentrum reihen sich die Hochhäuser des Geschäftsbezirks an viktorianische Villen, fast so alt wie die Kapkolonie selbst. Um das Felsmassiv herum erstrecken sich unterschiedlichste Stadtteile: der Unibezirk Observatory, das Villenviertel Camps Bay oder das LGBTQ-Viertel Waterkant. Kapstadt ist so bunt wie seine Bevölkerung. Ein Blick über den Tafelberg zeigt, wie viele Bewohner über 30 Jahre nach dem Ende der Rassentrennung immer noch leben: nämlich in den Blechhütten und Ziegelbaracken der Townships. Und jenseits der brummenden Millionenmetropole? Dort erstreckt sich raue, unberührte Natur, umweht vom eisigen Südpolwind. Was Kapstadt und seine Umgebung so einzigartig macht? Die verschwenderische Vielfalt, mit der die Natur Afrikas Südspitze beschenkt hat. Wo sonst auf der Erde gehen hitzeverdörrte Buschsteppen nahtlos in mediterrane Blumenfelder über, prallen Ozeane auf Hochgebirge? Der Ausblick vom Tafelberg bietet ein grandioses Fotomotiv und am schönsten präsentiert sich Kapstadt vom Bloubergstrand im Norden aus, wo abends die Sonne im Ozean versinkt. Weiter unten bringt der Atlantik sein eiskaltes Wasser an die Strände – ein Gruß aus der Antarktis. Dann lieber an den Stränden bleiben, von denen es hier sehr viele gibt.

INSIDER-TIPP
Tafelberg-Kulisse

1971 Tausende Bewohner des District Six werden unter den strengen Rassengesetzen aus ihren Häusern vertrieben.

1990 Nelson Mandela hält seine erste Rede als freier Mann.

1994 Erste demokratische Wahlen

2013 Die Nation trauert um Staatsvater Nelson Mandela.

2018 Verheerende Dürre und Wasserknappheit in Kapstadt

2022 Das Parlament muss nach einem Brand auf Jahre schließen.

APARTHEID SPÜRBAR

Die Kapstädter lassen sich von so viel Schönheit gerne anstecken. Auf ihre Gemütlichkeit sind die Kapstädter aber mindestens so stolz wie auf ihren Charme. Mit einem Schmunzeln erzählen sie, dass die Stadt eigentlich deshalb Mother City heiße, weil hier alles mindestens neun Monate brauche, bis es fertig ist. Diese Gemütlichkeit ist aber nur zum Teil der Grund, warum Kapstadt noch immer vor immensen Herausforderungen steht. Das Erbe der Apartheid lastet auf der Stadt. Politik und Verwaltung sind mit scheinbar unlösbaren Problemen konfrontiert. Eine reiche Minderheit lebt Tür an Tür mit der Mehrheit, die mit den Folgen extremer Armut zurechtkommen muss. Viele erhofften sich von der Fußball-WM 2010 einen Schub zur Lösung der sozialen Probleme. Doch Aufschwung und Arbeitsplätze blieben aus. Gleichzeitig gingen durch die Folgen der Weltwirtschaftskrise 2008 viele Jobs verloren. Und auch die Covid-19-Pandemie traf die Kap-Republik hart: Der lebensnotwendige Tourismus brach ein, landesweit gingen mindestens 2 Mio. Jobs verloren. Überdurchschnittlich häufig sind Jugendliche von Arbeitslosigkeit betroffen. Sie protestieren zunehmend gegen die Politik der Regierungspartei Afrikanischer Nationalkongress (ANC).

Täglich zwängen sich Millionen Kapstädter in einen Minibus. Für sie beginnt der Arbeitstag mit der waghalsigen Fahrt im Zwölf-Sitzer-Taxi. Immer noch ist die Metropole ein Spiegel der sozialen Ungerechtigkeit. Der *Group Areas Act* aus dem Jahr 1950 galt als Rechtfertigung für die Vertreibung der Schwarzen und *coloureds* aus der Innenstadt. Arbeiten in der Stadt, schlafen in den Townships – das bleibt für die arme Bevölkerung bis heute so. Zumindest im Kampf gegen die HIV/Aids-Epidemie gab es in den letzten Jahren große Fortschritte.

HOFFNUNG ALS LEBENSMOTTO

Weiße Südafrikaner haben die Tendenz, die Zukunft des Landes pessimistischer als angemessen einzuschätzen. Auch wenn die Politik von Korruption geprägt sein mag: Fakt ist, dass es den meisten Weißen im Land noch immer vergleichsweise gut geht. Über siebzig Prozent der Führungspositionen sind in weißer Hand. Die soziale Schere zwischen Arm und Reich ist seit dem Ende der Apartheid nicht zu-, sondern eher noch weiter auseinandergegangen. Die erhoffte Besserung blieb auch unter Mandelas politischem Ziehsohn aus, dem 2018 gewählten Präsidenten Cyril Ramaphosa. Dahin ist der Traum von der Regenbogennation aber noch lange nicht: Sieben von zehn befragten Südafrikanern glauben fest daran, dass Südafrikas Volksgruppen in Zukunft in einer vereinten Nation zusammenleben werden.

Und wie steht es mit der Sicherheit angesichts der großen Armut? Die Antwort ist einfach: Wer sich an bestimmte Regeln hält, erlebt in Südafrikas Metropole eine ebenso schöne wie sichere Zeit. So kann man sich auf eine Stadt einlassen, deren Schönheit einen genauso einnehmen wird wie der Optimismus ihrer Bewohner – Vorsicht: Ansteckungsgefahr!

AUF EINEN BLICK

5 MIO.
Einwohner

mehr als doppelt so viele wie Wien

170 km
Küste rund um die False Bay

Deutsche Küsten an der Ostsee (Festland): 328 km

400 km²
Fläche

Malta: 320 km²

TAFELBERG

1085 m

nur ca. ein Drittel so hoch wie die Zugspitze

KÄLTESTER MONAT

JULI 6°C

BELIEBTESTE REISEMONATE

SEPT.– APRIL

KHAYELITSHA

Größtes Township mit über 1 Mio. Einwohner

3100

Sonnenstunden im Jahr (doppelt so viele wie Berlin)

7000 EINHEIMISCHE PFLANZEN
in der Cape-Floral-Region

1,5 kg
Schießpulver verknallt die Noon Gun täglich um 12 Uhr

KAPSTADT VERSTEHEN

AFFIGES BENEHMEN

Alle Klischees über Bord! Durch Südafrikas Vorgärten streifen keine Löwen, Giraffen oder Elefanten. Wohl aber Paviane, die hier *Baboons* genannt werden. Sie zählen zu jenen teils freundlichen, teils aber auch ziemlich aufdringlichen Wesen, denen man auf der Kaphalbinsel immer wieder begegnet. Paviane, so exotisch sie sind, haben nämlich eine unangenehme Angewohnheit: Sie plündern. Halt deshalb am Kap der Guten Hoffnung deine Chipstüte fest am Körper; diese ist genauso gefährdet wie die Lunchbox mit frischem Obst. Daneben leben überall am Westkap Hagedasch-Ibisse, schillernd braune Vögel mit langem Schnabel. Sie wecken in den Morgenstunden mit ihrem schrillen Ruf besonders gerne Touristen auf. Nach ihrem unverwechselbaren Schrei benannt, heißen sie auf Englisch *Hadada Ibis*. Komische Vögel begegnen dir auch in den Wine Lands: Perlhühner. Doch Vorsicht, wenn sich ein Schwarm auf die Straße verirrt! Die plumpen und offensichtlich nicht sonderlich intelligenten Vögel haben die Angewohnheit, vor dem Auto herzulaufen, anstatt zur Seite zu hüpfen.

FLEISCHES(S)LUST

Streiten die einzelnen Volksgruppen auch in vielen Punkten, so vereint sie zumindest ihr Hunger nach Herzhaftem. Wenn gerade kein Grill in der Nähe steht, dann isst man *Biltong* – im Stadion, bei der Arbeit, in der Kneipe. Das sind getrocknete Fleischstreifen, die in etwa die Konsistenz von Schuhleder haben – und, herzhaft gewürzt, trotzdem lecker schmecken. In Südafrika gibt es Biltong an jeder Ecke, auch in spezialisierten Läden, wo riesige Fleischbrocken von der Decke hängen. Strauß, Springbock oder Rind – einfach durchkosten. Beim *Braai*, Afrikaans für „grillen", kommen die Leute zusammen. Eine oft verwendete Höflichkeitsformel lautet: „Ihr müsst dringend mal zum Braai vorbeikommen!" Der Klassiker beim Braai – neben Straußensteaks – ist die spiralförmig gerollte *Boerewors* (Bauernwurst). Wer die deftige Wurst wie ein Südafrikaner essen möchte, bestellt sie mit Pap und Chakalaka.

INSIDER-TIPP
Maisbrei, Fleisch, Gemüse

COMEDY

Wer Südafrika verstehen will, muss den Humor des Landes verstehen. Schon zu Apartheidszeiten zeigten Komiker wie Pieter-Dirk Uys die Absurdität des Regimes auf. Und auch heute gehören Satiriker zu den wichtigsten Kommentatoren des politischen Geschehens. Die Szene hat einen prominenten Export hervorgebracht: In den USA moderierte der Südafrikaner Trevor Noah jahrelang die legendäre „Daily Show".

WIND-KUR

Viel Wind gibt's um den *Cape Doctor*. Das ist kein angesagter Schönheitschi-

Einer der vielen Paviane nach einem erfolgreichen Beutezug

rurg, sondern bezeichnet die Luftmassen, die in den Sommermonaten (Dez.–März) durch Kapstadt fegen und dabei die Stadtluft reinigen und die Köpfe erfrischend durchpusten. Gelegentlich weht der Wind so stark, dass er vielen das Nervenkostüm blankbläst. Unerwartet für Besucher aus Europa ist mitunter auch der Einfluss traditioneller Heiler. Der ist auch im 21. Jh. ungebrochen. Die *Sangomas* verdienen ihr Geld, indem sie für ihre Diagnose Kontakt zu den Ahnen aufnehmen. Geheilt wird dann mit Gras, Ziegenknochen und Schlangenöl. Die Dienste der Schamanen sind umstritten, doch Südafrikas Regierung ist bemüht, alle Heiler zu erfassen und zu zertifizieren. Willst du einen Sangoma konsultieren, frag erst nach seinem Dienstausweis!

RASSENWAHNSINN

Drei Viertel der Südafrikaner sind schwarz. Am Kap dominieren mit knapp 50 Prozent die sogenannten *coloureds*. Die andere Hälfte besteht aus Schwarzen (33 Prozent) und Weißen (16 Prozent). Die *coloureds* sind zum einen Nachfahren von Verbindungen Weißer und *Khoisan* (der ursprünglichen Bewohner des Landes), zum anderen die meist muslimischen Nachfahren von Sklaven aus dem asiatischen Raum, die Kapmalaien. Das Apartheidsregime klassifizierte alle Südafrikaner, die weder afrikanisch noch weiß aussahen, als *coloured*.

Viele Familien wurden seinerzeit auseinandergerissen, weil die einzelnen Mitglieder unterschiedlichen Bevölkerungsgruppen zugeordnet wurden. Eng verbunden mit ihrer Geschichte ist jene des Stadtteils District Six. Er hinterlässt aus den Jahrzehnten der Apartheidspolitik die größte Narbe in Kapstadts Stadtbild. Dem weißen Minderheitsregime war das multikulturelle Viertel nah am Zentrum ein Dorn im Auge. Deshalb wurden die 60 000 Bewohner des verarmten, aber lebhaften Bezirks in den 1960er-Jahren in Townships zwangsumgesiedelt. District Six, schönfärberisch in *Zonnebloem* (Sonnenblume) umbenannt, wurde zum Wohngebiet ausschließlich für Weiße. Inzwischen sind die ersten Vertriebenen mit ihren Familien wieder zurückgekehrt. Der Prozess des Wiederaufbaus wird allerdings noch lange dauern.

BAUSÜNDEN

Allseits verhasst und trotzdem eine der exklusivsten Adressen – das ist wohl ein weiteres südafrikanisches Phänomen. Die drei „Disa Park"-Türme verschandeln seit Jahrzehnten die Sicht auf das Tafelberg-Massiv. Weil die Stadtväter den Blick auf das Bergpanorama eigentlich schützen wollten, wurde jede Bebauung auf eine bestimmte Höhe begrenzt. In den 1960er-Jahren entdeckten die Bauherren aber eine Gesetzeslücke. Seitdem ragen die Türme im Stadtteil Vredehoek mitten rein ins Panorama. Die einzigen Freunde der Türme sind wohl deren Bewohner, die aus ihren Wohnungen auf die Bucht sehen. Alle an-

Vorm Friseursalon im Imizamo Yethu Township

deren Kapstädter beschimpfen die drei Monstren als „Tampontürme".
Die Buitengracht Street hinab wartet schon die nächste Bausünde: Mitten in der Innenstadt ragt ein unfertiges Stück Highway über die Kreuzung. Gebaut wird hier schon seit 50 Jahren nicht mehr. Stattdessen finden gelegentlich Fotoshootings und Filmdrehs statt. Das Schönste an der „Unvollendeten" sind die zahlreichen Mythen, die sie umranken: So sollen sich die Ingenieure verrechnet und sie so gebaut haben, dass sie ihr Gegenstück, 1 km weiter südlich, niemals treffen würde. Eine andere Variante: Ein Ladenbesitzer weigerte sich, sein Grundstück abzugeben und blockierte so den Weiterbau.

IZZIT? YEBO!

Bitte nicht wundern, wenn ein Fremder dich auf der Straße mit „Howzit" anbrummt. Die Südafrikaner haben ihren eigenen Slang erfunden. Da wird ein Pick-up-Truck schnell zum „Bakkie", der Dieb zum „Tsotsi" oder der Kumpel zum „Bru". In diesem Fall fragt man dich aber einfach nur „How is it?" (Wie geht's?), was im Slang dann oft vernuschelt zu „Howzit?" wird. Eine passende Antwort wäre „Not too bad" (Kann mich nicht beklagen). Eng verwandt mit „Howzit?" ist „Izzit?" – ausgeschrieben „Is it?", also ein fragendes „Echt?". Viele Slangwörter sind Afrikaans. Die Sprache stammt aus dem Niederländischen, war früher die Sprache des Apartheidsregimes und ist heute eine der elf offiziellen Amtssprachen Südafrikas. Demzufolge findet man rund um Kapstadt kei-

KLISCHEE KISTE

MOTHER CITY

So wird die Stadt am Kap genannt – angeblich, weil alles neun Monate dauert. Stimmt zum Teil. Denn die Kapstädter entscheiden gerne selbst, wie viel Zeit sie sich wofür lassen. Schneller geht es auf den Autobahnen zu: Schlaglöcher werden meist binnen weniger Tage repariert. Auf der Baustelle selbst herrscht dann aber wiederum gemütliches Tempo. Ebenso im Restaurant. Deshalb ist es wichtig, zwischen den Zeilen zu lesen, um zu erfahren, wann etwas fertig ist. „Right now" = jetzt. „Now now" = bald, kein Stress. „Now" = könnte ein langer Abend werden.

NICHT MACHEN, MACHEN LASSEN

Vieles, was Europäer ganz selbstverständlich selbst erledigen, wird ihnen am Kap abgenommen. Das bedeutet, dass an der Tankstelle jemand dein Auto betankt, während ein weiterer Mitarbeiter den Ölstand kontrolliert. Und das geht manchmal so weit, dass dir an der Schranke jemand dein Ticket abnimmt, um es für dich in den Schlitz zu stecken. Das liegt daran, dass Arbeitskraft hier vergleichsweise billig ist. Jeder vierte arbeitsfähige Südafrikaner hat keine Arbeit. Für viele lautet die Devise daher, besser ein mies bezahlter als gar kein Job.

ne „schönen Städtchen", sondern „lekker dorpies". Auch die afrikanischen Sprachen Zulu und Xhosa sind alltagstauglich. Wichtigster Ausruf: „Yebo!" (Ja). Lädt man dich in eine „Shebeen" ein, dann ist eine Township-Kneipe gemeint. Einige „Shebeens" sind tatsächlich einen Besuch wert, allerdings nur nach Absprache mit einem guten Fremdenführer!

KETTENRAUCHER

Die Kapstädter neigen zum Aberglauben, und da dürfen natürlich Legenden um den Tafelberg nicht fehlen. Diese hier z. B.: Der Pirat Jan van Hunks ging im 18. Jh. in Kapstadt in den Ruhestand und verbrachte seine Tage Pfeife rauchend am Fuß des Berges. Eines Tages kam ein Fremder auf ihn zu und fragte, ob er etwas Tabak haben könnte. Die beiden Männer begannen einen tagelangen Wettbewerb im Rauchen. Van Hunks gewann, der Fremde stellte sich jedoch als der Teufel heraus und löste beide in Rauch auf, was die spektakulären Nebelschwaden um den Tafelberg erklärt.

STRASSENMANIEREN

Es hupt hektisch auf den Hauptverkehrsstraßen. Keine Sorge, du fährst aller Wahrscheinlichkeit nicht auf der falschen Seite oder gegen eine Einbahnstraße. Die Minibustaxis, wie die Kleinbusse des Nahverkehrs genannt werden, versuchen mit ständiger Huperei potenzielle Fahrgäste auf sich aufmerksam zu machen. Das Ganze funktioniert nach einem ziemlich geheimnisvollen System, indem mit den Fingern das Fahrtziel angezeigt wird – der Fahrer hält dann abrupt auf der Straße. Touristen sollten auf diese Fahrzeuge trotz aller Authentizität eher verzichten, da sie überdurchschnittlich häufig in Unfälle verwickelt sind. Hat es gekracht, dann kommen sie zum Einsatz: die „Geier der Straße". Auf Verkehrsinseln oder unter Bäumen parken Abschleppwagen, deren Fahrer, oft im Schlaf versunken, auf den nächsten Unfall warten. Ihnen zu vertrauen, kann kostspielig werden. Sprich daher vorher mit deiner Mietwagenfirma, was zu tun ist, wenn dein Auto liegenbleibt. Sehr wohl vertrauen kann man den Parkwächtern in ihren gelben Westen. Zehntausende von ihnen weisen Autofahrer in ganz Südafrika auch in LKW-große Parklücken ein und versprechen selbst in den sichersten Gegenden, auf das Fahrzeug aufzupassen. Fünf Rand „Parkgebühr" sind der übliche Lohn.

GEDRUCKT UND GESENDET

Die meisten Bettler wurden kurz vor Beginn der Fußball-WM 2010 aus der Innenstadt vertrieben. Geduldet sind dagegen die Verkäufer der Obdachlosenzeitung „The Big Issue" (30 Rand), die sich durch den Verkauf einen kleinen Lebensunterhalt verdienen. Oft stehen sie an Ampeln, erkennbar an weißen Westen. Unbedingt kaufen! Denn neben Veranstaltungstipps gibt es dort Porträts von Künstlern und Sängern sowie Reportagen zu gesellschaftlichen Themen. Ein gutes Gefühl für die Stim-

INSIDER-TIPP
Einblick von der Straße

Zur Fußball-WM 2010 bekam die Stadt ein opulentes Stadion

mung im Land gibt auch der Radiosender *CapeTalk*. Soziale Brennpunkte oder Erfolgsgeschichten – der Infosender spricht darüber. Für entspanntere Minuten schaltest du am besten zu *Five FM* oder *Heart FM*. Die meisten Sender sind auch per Livestream im Internet abrufbar. Nach der Rückkehr also ein kleines Stück Südafrika-Feeling für den Alltag.

AUSGETROCKNET

Du drehst den Wasserhahn in der Restaurant-Toilette auf, doch es kommt bloß Sprühnebel? Das ist Teil der Wassersparmaßnahmen. In den letzten Jahren erlebte die Region rund um Kapstadt immer wieder ausgedehnte Dürreperioden. Zeitweise drohten die Leitungen sogar komplett auszutrocknen. Etliche Hotels schlossen ihre Pools, Krankenhäuser begannen mit dem Bau von Brunnen. Fragt man einen Kapstädter nach *water restrictions*, die Reaktion ist fast immer dieselbe: Kopfschütteln, stöhnen, klagen. 50 Liter pro Tag durften die Kapstädter während der letzten großen Dürre maximal verbrauchen. Denn der Notstand, verursacht durch die globale Erwärmung, kann nur durch diszipliniertes Wassersparen bekämpft werden: Für die Kapstädter ist es inzwischen z. B. zur Gewohnheit geworden, Duschwasser zu sammeln, um damit die Toilette zu spülen.

SIGHT SEEING

Der Tafelberg, der Ozean, all die Denkmäler und historischen Plätze – die Attraktionen, die Kapstadt zu bieten hat, sind eigentlich zu viel für eine einzige Stadt.

Den besten Überblick hat man vom Tafelberg aus. Der Wanderweg auf dem Plateau bietet einen Rundumblick auf das bunte Mosaik 1085 Meter weiter unten. Er erleichtert dir die Entscheidung: Wohin geht es jetzt zuerst? An den Strand? In eines der angesagten Szene-cafés? Oder lieber zu den Urahnen ins Museum? Von den Museen der Stadt sind vor allem diejenigen empfehlenswert, die die

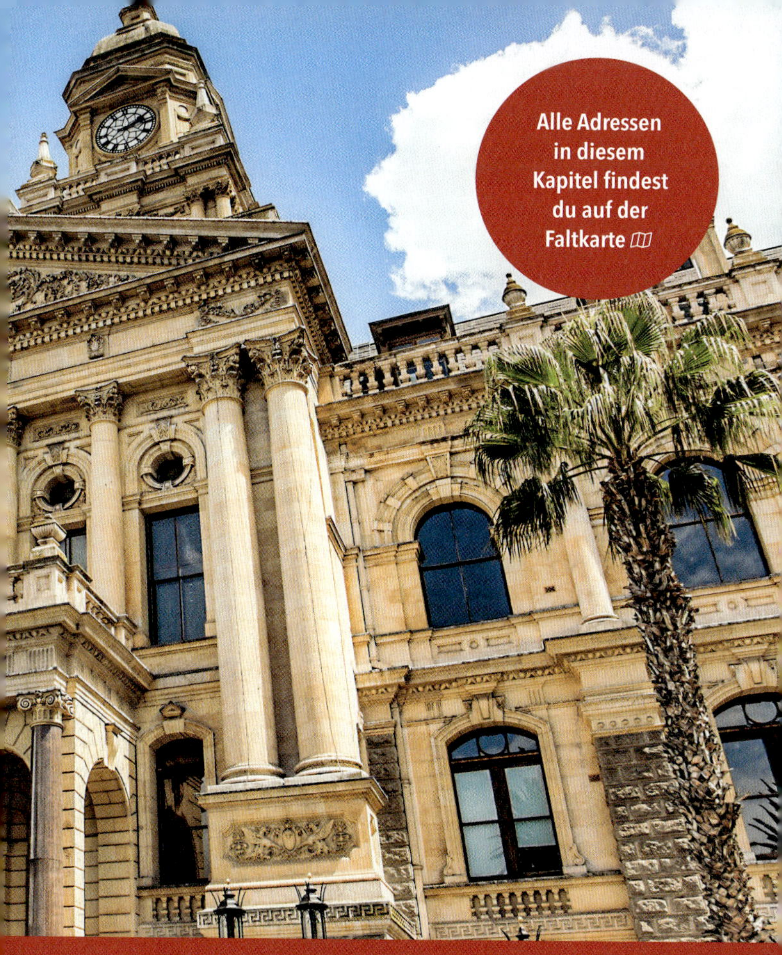

City Hall (Rathaus), wo Nelson Mandela seine erste Rede als freier Mann hielt

bewegte Vergangenheit aufarbeiten. Das District Six Museum und das Castle of Good Hope erzählen von Vertreibung, Unterdrückung und Neuanfang. Kunstliebhaber können im Zeitz-Museum für Zeitgenössische Afrikanische Kunst (Zeitz MOCAA) Neues entdecken oder in einer der unzähligen kleinen Galerien, die Kapstadts aufstrebende Künstler in den Mittelpunkt rücken. Du willst erfahren, wie mehr als die Hälfte aller Kapstädter lebt? Im Township Langa, dem ältesten Armenviertel der Stadt, kannst du mit den Menschen zusammensitzen, Bier trinken und ins Gespräch kommen.

DIE STADTVIERTEL IM ÜBERBLICK

MARCO POLO HIGHLIGHTS

★ **COMPANY'S GARDEN**
Museumsmeile und grüne Oase mitten in der Stadt ➤ S. 31

★ **DISTRICT SIX MUSEUM**
Erinnerung an das niedergewalzte Viertel ➤ S. 35

★ **CASTLE OF GOOD HOPE**
So lebten die ersten Siedler am Kap ➤ S. 35

★ **VICTORIA & ALFRED WATERFRONT**
Shopping, gutes Essen und Vergnügen am Hafen ➤ S. 39, 76

★ **ROBBEN ISLAND**
Knapp 20 Jahre saß Nelson Mandela hier in Haft ➤ S. 42

★ **ZEITZ MOCAA**
Neuer Tempel für moderne Kunst ➤ S. 42

★ **BO-KAAP**
Das farbenfroheste Viertel der Stadt, fern von Gentrifizierung ➤ S. 42

★ **KIRSTENBOSCH NATIONAL BOTANICAL GARDENS**
Hier gedeihen über 7000 Pflanzenarten ➤ S. 44

★ **TAFELBERG**
Schönster Aussichtspunkt und Wahrzeichen der Stadt ➤ S. 45

★ **GROOT CONSTANTIA**
Das älteste Weingut Südafrikas in herrlicher Umgebung ➤ S. 46

★ **KAP DER GUTEN HOFFNUNG**
An Afrikas Südzipfel leben Zebras und Strauße ➤ S. 53

ATLANTIC OCEAN
SEA POINT
Main Road
Regent Road
Kloof Road
FRESNAYE

WATERFRONT, BO-KAAP & GREEN POINT S. 38

Essen, shoppen, leben wie ein Kapstädter – wenn, dann hier!

CLIFTON
Camps Bay Drive
BAKOVEN
Victoria Road

1 km
0.62 mi

Table Bay
Robben Island
GREEN POINT
Victoria & Alfred Waterfront
Zeitz MOCAA
WATERFRONT
Helen Suzman Boulevard
Duncan Dock
Bo-Kaap
NÖRDLICHE CITY BOWL
Adderley Street
Cape Town
F W de Klerk Blvd
Castle of Good Hope
Company's Garden
District Six Museum
Albert Road
WOODSTOCK
Kloof Nek Road
SÜDLICHE CITY BOWL
Nelson Mandela Blvd
GARDENS
NÖRDLICHE CITY BOWL S. 35
Kaum ein Stein im Museumsviertel, der keine historische Bedeutung hat
ORANJEZICHT
Tafelberg
SÜDLICHE CITY BOWL S. 30
Im Regierungsviertel geht es ruhiger zu – bis abends die Party startet
Union Avenue
Newlands Avenue
Kap der Guten Hoffnung
Groot Constantia
Kirstenbosch National Botanical Gardens

WOHIN ZUERST?

Signal Hill *(▯ E3)*: Wohl keine andere Weltstadt wird so von einer Bergkulisse beherrscht wie Kapstadt. Den schnellsten ersten Überblick über die Stadt bietet der Signal Hill. Die Aussicht ist nicht so gut wie vom Lion's Head, dafür ist der Signal Hill mit dem Auto erreichbar. Von hier aus kann man sich einen guten Überblick über die Stadtviertel verschaffen. Landet dein Flieger morgens? Dann schaffst du es evtl. noch zur Signal-Gun-Zeremonie. Die Kanone wird täglich um 12 Uhr abgefeuert. Auf dem Gipfel kannst du danach picknicken.

SÜDLICHE CITY BOWL

Tafelberg, Löwenkopf (Lion's Head), Signalhügel (Signal Hill) und Teufelsspitze (Devil's Peak) – gemeinsam wachen die vier Berge über die Mulde in ihrer Mitte, die sogenannte City Bowl.

Dort liegen die Stadtteile Gardens, Oranjezicht, Tamboerskloof und Vredehoek – eher reichere Wohnviertel mit kleinen viktorianischen Villen, in denen viele schöne Guesthouses, Restaurants und Geschäfte zu finden sind, ebenso wie Kapstadts Partyzentrum, die Long Street, und einige Museen. Wenn du durch den Stadtpark Company's Garden flanierst, schau doch mal beim Parlament oder den historischen Regierungsgebäuden vorbei – vielleicht ist der Präsident gerade im Tuynhuys (Gartenhaus), seinem offiziellen Amtssitz in Kapstadt anwesend. Wenn abends um 17 Uhr die Geschäfte schließen, werden bald darauf die Gehwege hochgeklappt. Mit Ausnahme der Long Street und der umliegenden Straßenzüge ist die Innenstadt deshalb nachts ausgestorben.

1 KLOOF STREET

Die Kloof Street und die angrenzenden Seitenstraßen sind vor allem tagsüber eines der Zentren der städtischen Kreativszene. In den Cafés verbringen manche Kapstädter ganze Nachmittage vor ihren Laptops, während auf der Straße davor eifrige Südafrikaner italienische Opernarien singen – oder es zumindest versuchen. Und Besucher können sich in den vielen trendigen Boutiquen, Shops und Plattenläden durch die Subkultur der Stadt stöbern.

INSIDER-TIPP **Innenstadtoase**

Nach einem Shopping-Marathon bietet der schattige, etwas versteckte Gastgarten des *Café Paradiso* Platz für eine willkommene Verschnaufpause. Unter den Bäumen wird Pasta und Pizza serviert. *▯ E–F 5–6*

2 LONG STREET

Auf der Long Street kommt Kapstadt zusammen. Hier verbringen sowohl Locals aller Hautfarben als auch Touristen ganze Tage und Nächte. Nachmittags beobachtet man im Café das vorbeiziehende Long-Street-Volk. Nachts schiebt sich die Meute über die Bürgersteige von einer Bar in die

Viktorianische Balkone überdachen die Gehsteige der Long Street

nächste. Die Mischung der Long Street ist bunt: Fast-Food-Restaurants und schicke Boutiquehotels stehen in einer Reihe mit Läden, die afrikanisches Handwerk anbieten, und kleinen Hip-Hop-Bars, deren Tanzflächen kaum größer sind als eine Tischtennisplatte. Viele der Häuser sind typisch viktorianisch: Ihre Balkone überdachen die Bürgersteige und verwandeln diese mit ihren verspielten Stützpfeilern in romantische Säulengänge. Auf einige dieser Häuser aufgeteilt versteckt sich der *Pan African Market*: Händler aus ganz Afrika verkaufen hier traditionelle Masken, Wandteppiche, Schnitzereien und Kunst aus recyceltem Müll. Deine Unterkunft buchst du wegen der Geräuschkulisse aber am besten etwas abseits. *F–G 4–5*

3 COMPANY'S GARDEN ★

Mitten im Betondschungel liegt Südafrikas ältester Garten, in dem Touristen spazierengehen und Kapstädter ihre Mittagspause auf der Wiese liegend verbringen. Die von Eichen gesäumte Museumsmeile *Government Avenue* verläuft mitten hindurch. Besuchen solltest du auch das *Company's Garden Restaurant (tgl. 8–18, Winter 8.30–16 Uhr | Tel. 02 14 23 29 19 | thecompanysgarden.com | €€)*, ein kleines, zwischen Bäumen und Lianen verstecktes Café – ideal für einen Snack. Der Park wurde schon zu Zeiten der holländischen Kolonialzeit als Obst- und Gemüsegarten angelegt. Später ließ der Kolonialunternehmer Cecil Rhodes zu seinen eigenen Ehren hier eine Statue aufstellen. Und noch etwas erinnert an den König der Diamanten: Die im Park umherwieselnden Grauhörnchen wurden in seinem Auftrag hier angesiedelt. Weil Besucher es so gut mit ihnen meinen, sind die Nager inzwischen handzahm. Deshalb am besten Nüsse mitbringen oder direkt bei einem der Händler im Park kaufen. *Zwischen Orange und Wale Street* | *G5*

INSIDER-TIPP
Safari im alten Garten

Britische Architektur in Afrika: die Houses of Parliament

4 HOUSES OF PARLIAMENT

Im Parlamentsgebäude wurde Südafrikas Geschichte geschrieben. Hier wurden z.B. Gesetze verabschiedet, die die Basis der Rassentrennung bildeten. Hendrik Verwoerd, der „Architekt" dieser Politik, wurde hier ermordet. Der Attentäter Dimitri Tsafendas sagte aus, ein Bandwurm habe ihm den Mord befohlen. Dass du den amtierenden Präsidenten zu Gesicht bekommst, ist allerdings eher unwahrscheinlich. Obwohl das Parlament jeweils einige Monate im Jahr hier tagt, ist er nur selten in Kapstadt, denn er ist nicht Mitglied des Parlaments. Eine Führung durch die verwinkelten Flure macht mit einer perfiden Idee der Apartheid vertraut: Weil die Rassen auch im Parlament getrennt bleiben sollten, wurde das Gebäude so konstruiert, dass jede Gruppe unter sich bleiben konnte – oder musste. Im Januar 2022 verwüstete ein Brand etliche Säle des Parlaments. Seither können Besucher das Gebäude nur von außen erkunden. Unklar ist, ab wann die kostenlosen Touren wieder stattfinden. *parliament.gov.za* | *G5*

5 TUYNHUYS

Vom Company's Garden aus hat man einen Blick auf das *Tuynhuys*, das 1700 als Unterkunft für die Würdenträger der Niederländischen Ostindien-Kompanie (VOC) gebaut wurde. In den folgenden Jahrhunderten wurde es mehrmals umgebaut. Erhalten geblieben ist das Emblem der VOC – zu sehen im Giebelfeld, das von dem deutschen Bildhauer Anton Anreith

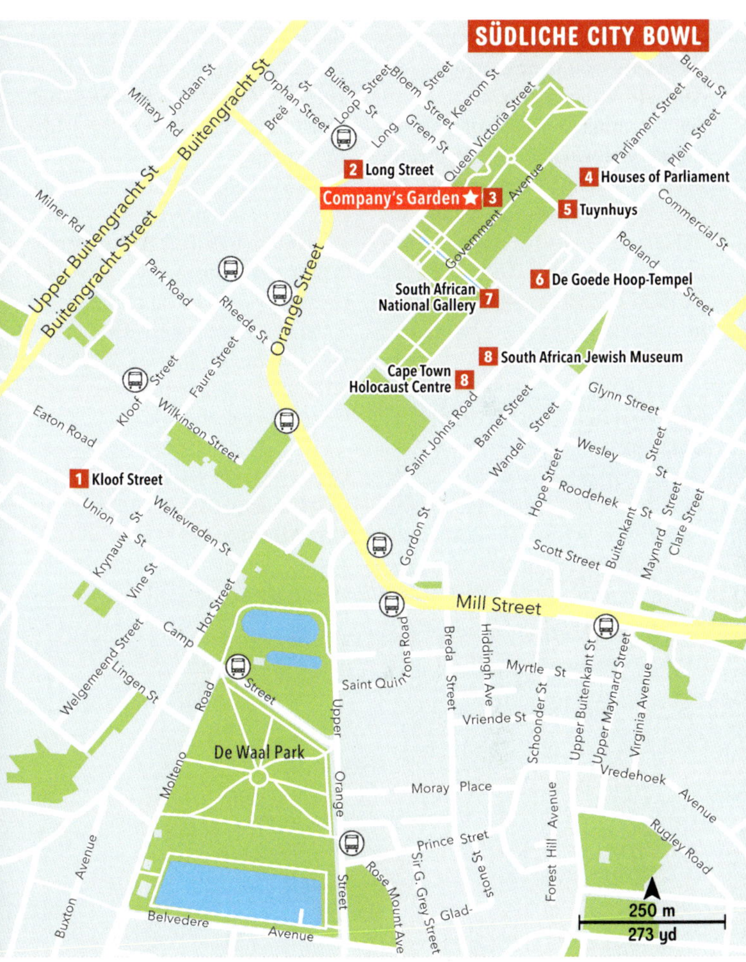

entworfen wurde. Heutzutage empfängt Südafrikas Präsident im Tuynhuys Staatsgäste. Kapstädter erzählen sich, wie Nelson Mandela während seiner Amtszeit durch den Garten spazierte und mit erstaunten Touristen ein kleines Schwätzchen über den Gartenzaun hielt. *Government Av.* | *G5*

6 DE GOEDE HOOP-TEMPEL

Kann es Zufall sein, dass der Tempel der Freimaurer direkt ans Parlament angrenzt? Hier kommen Verschwörungsmystiker auf ihre Kosten. Die *Goede Hoop Lodge* ist 250 Jahre nach ihrer Gründung immer noch aktiv. Allerdings sind die Kapstädter „Brüder" keine großen Geheimniskrämer:

Nach Anmeldung wird man durch den altehrwürdigen Tempel geführt, der dem Inneren von König Salomos Tempel in Jerusalem nachempfunden ist. Er steht ebenso unter Denkmalschutz wie der historische Garten und der über 200 Jahre alte „Brunnen der Hoffnung". *Führungen nach Vereinbarung | Bouquet Street 4 | Tel. 08 75 50 29 65 | info@grandlodge.co.za | grandlodge.co.za | 30 Min. | G5*

7 SOUTH AFRICAN NATIONAL GALLERY

Provokation wagen oder doch auf die alten Meister vertrauen? Südafrikas Nationalgalerie wagt den Spagat zwischen Klassik und Neuem. So finden sich hier neben alten europäischen Meistern und afrikanischer Kunst auch moderne Werke, die das politische Establishment und verknöcherte Gesellschaftsstrukturen hinterfragen. „Fuck White People" – mit dieser kontroversen Ausstellung sorgte das Museum 2017 für mächtigen Wirbel. Politaktivisten überdeckten die Bilder mit dem Spruch „Liebe deinen Nächsten". Ein Gericht erklärte die Ausstellung aber für zulässig. Der angeklagte Künstler: selbst ein Weißer. *Tgl. 9–17 Uhr | Eintritt 60 Rand | Government Av. | iziko.org.za | 2 Std. | G5*

8 CAPE TOWN HOLOCAUST CENTRE & SOUTH AFRICAN JEWISH MUSEUM

Koscher in jedem Supermarkt! Seit eineinhalb Jahrhunderten prägen

In der National Gallery findet sich moderne Kunst neben alten Meistern

die jüdischen Einwanderer und deren Nachfahren Südafrikas Kultur, Wirtschaft und Politik. Die Freiheitsaktivisten Denis Goldberg und Helen Suzman waren nur zwei der zahlreichen Juden, die an der Seite von Nelson Mandela gegen die Apartheid kämpften. Mehr von ihnen triffst du im *South African Jewish Museum*, das zum Teil in der ersten Synagoge Südafrikas von 1863 untergebracht ist. Die Ausstellung im *Cape Town Holocaust Centre* gegenüber behandelt die im Zweiten Weltkrieg begangenen Verbrechen. Zu sehen sind u.a. Bild- und Tonzeugnisse von Menschen, die den Holocaust überlebt haben. Bring deinen Reisepass mit, du wirst am Eingang danach gefragt! *So–Do 10–17, Fr 10–14 Uhr | Eintritt 200 Rand | 88 Hatfield Street | sajewishmuseum.org.za | 1 ½ Std. | G5*

NÖRDLICHE CITY BOWL

Den Charakter des unteren Teils der City Bowl prägen hauptsächlich die Hochhäuser, deren Leuchttafeln bei Nacht die ganze Innenstadt überstrahlen.

Hier finden sich aber auch viele historische Gebäude, die an Zeiten erinnern, in denen Kapstadt eines der Handelszentren zwischen Europa und Südostasien war und später zu einer Hochburg der menschenverachtenden Apartheidspolitik wurde. Und nicht zuletzt steht hier die berühmte St. George's Cathedral, von der aus Erzbischof Desmond Tutu seinen friedlichen, hartnäckigen Kampf gegen die Apartheid geführt hat.

9 DISTRICT SIX MUSEUM ★

Und plötzlich stand der Bulldozer in der Küche. District Six ist der Name eines Stadtteils mit kaum fassbarer Geschichte (s. S. 22). Das Museum wurde zusammen mit vertriebenen Bewohnern des Stadtteils gestaltet, die persönliche Erinnerungsstücke zur Verfügung stellten. In einer nachgebauten Wohnung lebt die Atmosphäre des Stadtteils wieder auf. In einem überdimensionalen Stadtplan haben sich die Bewohner an ihren früheren Adressen verewigt, und auf Tafeln ist die Zerstörung des Viertels dokumentiert. Auf Anfrage werden Gruppenführungen *(mind. 5 Pers. | ab 120 Rand/Pers.)* durch den Stadtteil angeboten. *Mo–Sa 9–16 Uhr, So nur nach Anmeldung | Eintritt 60 Rand | 25 Buitenkant Street | Tel. 02 14 66 72 00 | districtsix.co.za | 1 ½ Std. | G–H5*

10 CASTLE OF GOOD HOPE ★

Die fünfeckige Festung liegt mitten in der Stadt. Schwer vorzustellen, dass die Mitarbeiter der Niederländischen Ostindien-Kompanie (VOC) von ihren Mauern direkt ins Meer spucken konnten. Das war vor dem gigantischen Großbauprojekt, bei dem in den 1940er-Jahren die Küste aufgeschüttet wurde und ein komplett neuer Bezirk, die Foreshore, entstand. Das Castle ist Südafrikas ältester Kolonialbau – und für einige Kapstädter ein Ort grausamer Erinnerungen: Neben einer Schmiedewerkstatt und verschiedenen Museen findest du hier auch die Folterkammer, wo u. a. aufständische Sklaven hingerichtet wurden. Eine Idee davon, wo die Kolonialherren unterdessen Tee schlürften und Verträge abschlossen, bekommt man im Inneren der Festung. *Tgl. 9–17 Uhr | Eintritt 50 Rand | Darling Street/Ecke Buitenkant Street | iziko.org.za | 1 ½ Std. | H5*

11 CITY HALL

Nelson Mandela tritt auf den Balkon, und 100 000 Südafrikaner jubeln. In der City Hall, dem alten Rathaus der Stadt, trat der Freiheitskämpfer 1990 zum ersten Mal nach seiner Freilassung vor die Öffentlichkeit. Auf der *Grand Parade,* wo die Menge stundenlang auf ihn gewartet hatte, brummt es heute noch: in Form eines beliebten Markts für Kleidung und Billigwaren aller Art. Die City Hall selbst beherbergt heute die Innenstadt-Bibliothek sowie eine Konzerthalle. Ihr Turm ist eine Nachbildung des Londoner Big Ben. Zu besichtigen ist sie nur von außen oder bei Konzerten. Auf ein ganz besonderes Stück Geschichte trifft man in einer Seitengasse: Das *We Are Still Here Memorial (Parade Street/Ecke Longmarket Street)* zeigt ein Kind, geformt aus Zeitungsanzeigen aus dem 19. Jh. für Waisenkinder, die später als Sklaven verkauft wurden. *Darling Street | H5*

INSIDER-TIPP
Versteckte Erinnerung

12 MULLERS GALLERY

So hat Kapstadt vor 100 Jahren ausgesehen. Besucher dieses Mini-Museums betreten den ersten Optikerladen des Landes, bevor es mit einem der ältesten Aufzüge der Stadt in den 1. Stock geht. Dort findet sich das Erbe von Joseph Müller, dem deutschen Optikermeister, der vor über 125 Jahren ans Kap kam. Heute stellen junge Künstler hier auch ihre Malerei aus. Jeden ersten Donnerstag im Monat gibt's außerdem kostenlose Drinks. *Mo–Fr 9–17, Sa 9–13 Uhr | 104 Longmarket Street | G4*

INSIDER-TIPP
Zeitgeschichte nach oben

13 GROOTE KERK

Seekrank durften Südafrikas Christen im 17. Jh. nicht sein: Die ersten Messen wurden für längere Zeit noch auf dem Schiff abgehalten. 1704 entstand dann die *Groote Kerk* (Große Kirche). Sie ist das älteste Kirchengebäude und zugleich Standort der größten Orgel Südafrikas. Wie eng die Niederländisch-Reformierte Kirche zunächst mit den europäischen Siedlern und später mit dem Apartheidsregime kollaborierte, zeigt ein Blick in die Gruft des alten Gebäudes: Hier liegt u. a. Simon van der Stel begraben, der ab 1691 Gouverneur der Kapkolonie war. *Mo–Fr 10–14 Uhr | 43 Adderley Street | Zugang von Church Square | grootekerk.org.za | G4–5*

14 THE OLD SLAVE LODGE

Nicht wundern, wenn dir in Kapstadt ein Mr. February oder eine Mrs. Sep-

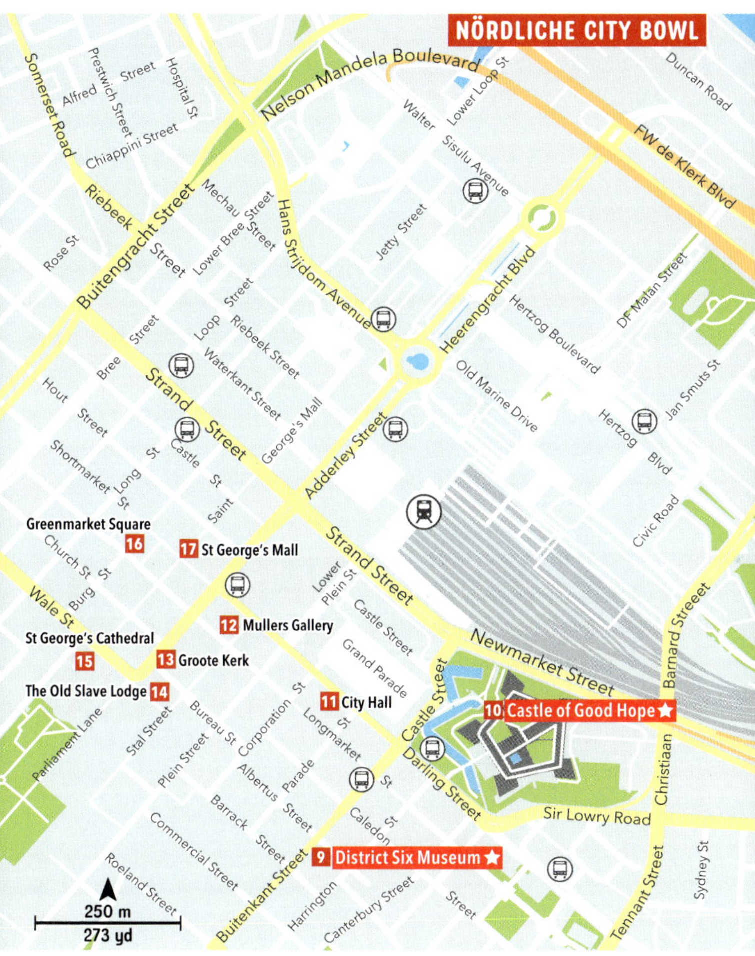

tember begegnet. Ihre Nachnamen erzählen von der dunklen Vergangenheit Kapstadts, als Sklaven aus dem übrigen Afrika und Asien für knochenzermürbende Arbeit eingeschifft wurden. Benannt wurden die Sklaven kurzerhand nach dem Monat, an dem sie am Kap eintrafen. Ihre Geschichte erzählt heute die *Slave Lodge*. Im zweitältesten Kolonialgebäude der Stadt waren zeitweise über 500 Sklaven untergebracht. Heute ist die Anlage ein Museum; der Schwerpunkt liegt auf dem historischen Sklavenhandel und modernen Problemen: Sklaverei im 21. Jh. und Menschenrechte. Entsprechend gibt es am südafrikanischen

Human Rights Day (21. März) freien Eintritt. *Mo–Sa 9–17 Uhr | Eintritt 60 Rand | 49 Adderley Street/Ecke Wale Street | iziko.org.za | 2 Std. | G5*

15 ST GEORGE'S CATHEDRAL

Gotteshaus oder politisches Rednerpult? In Südafrika kein Widerspruch. Die erst zu Beginn des 20. Jhs. erbaute Kirche ist weniger für ihren neogotischen Baustil berühmt als für ihre Geschichte: Erzbischof Desmond Tutu, Friedensnobelpreisträger und Vorsitzender von Südafrikas Wahrheits- und Versöhnungskommission (TRC), hämmerte am 7. September 1986 gegen die Türen der Kirche. Er wollte so seiner Forderung Nachdruck verleihen, erster schwarzer Erzbischof Südafrikas zu werden. Drei Jahre später erfüllte sich sein Wunsch. Und weitere Jahre später kippte der „Grüne Bischof" Geoff Davies Mülleimer vor dem Altar aus, um so symbolstark gegen die zunehmende Umweltverschmutzung zu protestieren. *Mo–Fr 9–15, So zu den Gottesdiensten 7, 9.30, 18 Uhr | 1 Wale Street | sgcathedral.co.za | G5*

16 GREENMARKET SQUARE

Ein Schwätzchen mit dem Flechter aus Malawi oder eine Vorführung vom Holzschnitzer aus Simbabwe – zum Greenmarket Square kommen die Händler vom ganzen Kontinent. Es gibt Schmuck, originelle Recycling-Kunst und aus Draht gebaute Radios. Unbedingt vorbeischauen! *Mo–Fr 9–16, Sa 9–15 Uhr | Greenmarket Square | G4*

17 ST GEORGE'S MALL

Das ist der Businessboulevard der Innenstadt. Tagsüber eilt hier die Kapstädter Geschäftswelt von Termin zu Termin oder verbringt die Mittagspause in den Cafés und Snackbars. Nebenan bieten Straßenhändler Kunsthandwerk an.

INSIDER-TIPP
Berlin am Kap

Highlight: Guck dich genau um und du wirst ein ganz besonderes Motiv für dein Urlaubs-Selfie finden. Denn hier steht ein Originalstück der Berliner Mauer, das Nelson Mandela 1996 bei einem Besuch in Deutschland geschenkt bekam. *G4*

WATERFRONT, BO-KAAP & GREEN POINT

Um die zentrale City Bowl herum liegen Stadtviertel ganz unterschiedlichen Charakters. Die im Hafen gelegene Waterfront ist das touristische Herzstück und die beliebteste Shoppingadresse Kapstadts.

Hier befinden sich auch einige der teuersten Hotels und Restaurants und die Anlegebrücken der Bootstouren nach Robben Island. Die *Waterfront* ist eine der teuersten Adressen, obwohl es hier ein Drittel des Jahres aus den Trockendocks nach Fisch stinkt. Die Häuschen in *Bo-Kaap* sind die Heimat vieler Muslime in Kapstadt. In unmittelbarer Nachbarschaft liegen die schi-

Erste Adresse für Kunsthandwerk aus ganz Afrika: Greenmarket Square

cken Cottages des Viertels *De Waterkant*. *Green Point* mit seinen vielen Restaurants und Cafés ist auch für sein Fußballstadion bekannt, das für die Fußball-WM 2010 aufwendig ausgebaut wurde.

18 GREEN POINT

Die große Schüssel ist nicht mehr wegzudenken: Nach der Fußball-WM ist das Stadion in Green Point zu einem Wahrzeichen Kapstadts geworden. Bei einer ☂ Führung kommst du an den Umkleiden vorbei, in denen sich die deutsche Mannschaft 2010 auf das Viertelfinale gegen Argentinien (4:0) vorbereitete *(Buchungen: Tel. 0214 17 01 11 | dhlstadium.co.za)*. Oder du besuchst nebenan den *Green Point Park* für einen Spaziergang bzw. eine Verschnaufpause. Aber nicht vergessen: Du gehst bzw. sitzt möglicherweise auf einem Friedhof. Denn weite Teile des heutigen Green Points wurden auf den Massengräbern von Sklaven und Bettlern gebaut. Einen Teil ihrer Skelette fanden Bauarbeiter im Jahr 2003, als sie den Boden für ein Wohnprojekt umgruben. Das *Prestwich Memorial (Ecke Buitengracht Street/Somerset Road)* erinnert bis heute an die Geschichte. *E–F 1–2*

19 VICTORIA & ALFRED WATERFRONT ★ ☂

Das gigantische Freizeitareal ist selbst für diejenigen einen Besuch wert, die um die größten Touristenattraktionen sonst am liebsten einen Bogen machen. Ihren Namen hat die V & A Waterfront von zwei Hafenbecken, die nach Victoria, der Königin von England, und ihrem Sohn Alfred benannt sind. Um die Becken herum entstand in den 1990er-Jahren ein Vergnügungs- und Shoppingviertel. Hier stehen erstklassige Hotels, Edelboutiquen liegen neben Supermärkten und Department-Stores, feine Restaurants teilen sich die Terrasse mit der Niederlassung einer Fastfood-Kette und auf der Open-Air-Bühne finden Jazzfestivals und Filmvorführungen statt. Gleichzeitig ist der Hafen noch in Betrieb, weswegen immer wieder Fischerboote ein- und auslaufen und gelegentlich Kreuzfahrtschiffe vor Anker gehen. Die Waterfront ist nicht nur bei Touristen beliebt – vor allem an den Wochenenden tummeln sich hier auch viele Kapstädter, die ihre Einkäufe erledigen und anschließend mit einem Eis in der Hand am Hafenbecken entlangspazieren. Gleich hinter der Waterfront versteckt sich *Scratch Patch (tgl. 9–17 Uhr | Dock Road | Tel. 02 14 19 94 29 | scratchpatch.co.za)*. Dort haben die Macher von *Cave Golf* einen 18-Loch-Minigolf-Kurs angelegt, der etwa zwei Stunden Spaß garantiert. Danach können Kinder noch in einer Kiste mit polierten Halbedelsteinen wühlen und diese in einer kleinen (30 Rand) oder großen (140 Rand) Tüte mit nach Hause nehmen. *G–H 1–2*

20 TWO OCEANS AQUARIUM

Hier wandert man trockenen Fußes durch die schillernde Unterwasserwelt sowohl des Indischen Ozeans als auch des Atlantiks. Besucher mit Lust auf Nervenkitzel können in einem 2 Mio. l fassenden Becken auf einem Tauchgang mit Meeresschildkröten, Rochen und einer Vielzahl exotischer Fische auf Tuchfühlung gehen. Du brauchst dafür allerdings einen Tauchschein, den du nebenbei hier im Aquarium bei einem eintägigen Kurs erwerben kannst. Oder du besuchst

Tauchende Kellner für die Meeresschildkröten im Two Oceans Aquarium

die Felsenpinguine bei der geführten *Penguin Experience*. Wenn die Tiere gerade Lust dazu haben, machen sie es sich dabei vielleicht sogar auf deinem Schoß bequem. Vorbeilaufen sollte man ebenfalls nicht am *Touch Pool*. Während dir Seesterne und Einsiedlerkrebse über die Hände krabbeln, erzählen Mitarbeiter faszinierende Details aus dem Leben der Kreaturen. *Tgl. 9.30–18 Uhr | Eintritt 235, Jugendliche (14–17 J.) 175, Kinder (4–13 J.) 110 Rand, unter 4 J. kostenlos | Victoria & Alfred Waterfront | Dock Road | Tel. 02 14 18 38 23 | aquarium.co.za | 3 Std. |* *G2*

INSIDER-TIPP
Glitschig, aber wow!

21 ROBBEN ISLAND ★

Die Insel vor der Table Bay ist das eindrucksvollste Zeichen für die Härte, mit der das Apartheidsregime gegen seine Gegner vorging. Nelson Mandela verbrachte hier den Großteil seiner Haft, und noch heute ist seine Zelle eine Pilgerstätte für Touristen wie für Südafrikaner. Die Führungen auf der Insel, die 1999 zum Weltkulturerbe erklärt wurde, werden von ehemaligen Häftlingen geleitet, die durch ihre persönlichen Erinnerungen einen Eindruck vom Leben auf Robben Island vermitteln. Zur vierstündigen Tour gehört auch die Überfahrt auf der Fähre (je Strecke 30 Min.). Weil die Touren sehr gefragt sind, empfiehlt es sich, frühzeitig zu buchen, am besten online. Vor der Tour musst du dich mit deinem Reisepass ausweisen. *Tgl. 9, 11, 13, Sept.–April zusätzlich 15 Uhr | Tickets 600 Rand | Victoria & Alfred Waterfront, Nelson Mandela Gateway am Clock Tower | Tel. 02 14 13 42 00 | robben-island.org.za | a–b1*

INSIDER-TIPP
Überfahrt sichern

22 ZEITZ MOCAA ★

Hatte der Künstler bloß Durst oder steckt mehr dahinter? Von der Decke hängende Bierflaschen sind nur eine von Tausenden Skulpturen im *Zeitz-Museum für Zeitgenössische Afrikanische Kunst (Zeitz MOCAA)*. In einem alten Getreidesilo vereint das jüngste unter Kapstadts Museen 80 Galerien auf sechs Stockwerken: Buntes, Nachdenklichstimmendes und Skurriles aus Afrika – ganz im Sinne von Museumsgründer Jochen Zeitz. Der deutsche Kunstsammler und Ex-Chef von Puma verbrachte Jahre in Kenia und lebt heute zwischen den Kontinenten. Einige Stimmen kritisierten sein Projekt: Weshalb braucht es einen Deutschen, um afrikanische Kunst zu fördern? Am besten urteilst du selbst. *Di–So 10–18 Uhr | Eintritt 230 Rand | Waterfront | zeitzmocaa.museum | G2*

23 BO-KAAP ★

Es duftet nach Nelke und Zimt. Der Muezzin ruft zum Gebet in Südafrikas ältester Moschee. Das Viertel am Fuß des Signal Hills hat weniger den Charakter eines Stadtteils als den eines muslimischen Dorfs: mit verwinkelten Gassen, bunten Häuschen und elf Moscheen. In der Nachbarschaft leben hauptsächlich Kapmalaien, die meisten Familien seit vielen Generationen.

1834 siedelten sich in Bo-Kaap die ersten freigelassenen Sklaven an und bauten sich eine Existenz auf. Das *Bo-Kaap Museum (Mo–Sa 9–17 Uhr | Eintritt 60 Rand | 71 Wale Street | iziko.org.za | 30 Min.)* zeigt die Geschichte des Viertels und seiner Menschen in Bildern. Noch heute erinnert der *Minstrel Carnival* an die Zeit der Sklaverei: Weil die Sklaven an Neujahr arbeiten mussten, feierten sie den Start des neuen Jahres in den Tagen danach. Seitdem ziehen im Januar regelmäßig Bands durch die Stadt. In Bo-Kaap wird der traditionelle Umzug am 3. Januar von Tausenden von Menschen empfangen, die sich bis zu seiner Ankunft mit Leckereien der Imbissstände die Zeit vertreiben.

INSIDER-TIPP
Curry bei neuen Freunden

Wer die Nachbarschaft besser kennenlernen will, sollte eine *Bo-Kaap Cooking Tour (Tel. 0787394073 | bokaapcookingtour.co.za)* buchen! In der Kleingruppe geht man erst beim Halal-Metzger und im Gewürzladen einkaufen und kocht damit bei einer Familie zu Hause kapmalaiische Spezialitäten. *F3–4*

24 NOON GUN

Mittag, peng! Diese Tradition gibt es seit dem Jahr 1806: Seitdem wird die Kanone, die oberhalb des Bo-Kaaps steht, ab 11.30 Uhr mit 1,5 kg Schießpulver geladen und um Punkt 12 Uhr abgefeuert. Früher diente der Böllerschuss als Zeitzeichen für die Kapitäne der vorbeifahrenden Schiffe, nach dem sie den Bordchronometer stellen konnten. Einer Legende nach traf die Kanonenkugel einst ein Pferd in der Innenstadt. Heute explodiert für die Touristen nur noch eine Ladung Schießpulver. *Military Road | Signal Hill (ab Buitengracht Street ausgeschildert) | F3*

AUSSERDEM SEHENSWERT

25 OBSERVATORY

Günstig und fernab von Stress: Das lebendige Studentenviertel (s. auch Erlebnistour 3, S. 110) gilt als „Ferienresidenz" der internationalen Backpackerszene. Zentrum von „Obs" ist

Bo-Kaap ist bekannt für seine bunt und fantasievoll bemalten Häuser

die *Lower Main Road* mit ihren Cafés, Bars und Geschäften der Alternativszene. Die Stimmung hier beschrieb der südafrikanische Comedystar Kurt Schoonraad, der selbst in der Nachbarschaft wohnt, so: „Wenn man hier jemanden auf der Straße fragt, wie spät es ist, wird er darauf antworten: Keine Ahnung, vielleicht Winter?" Tagsüber kann man in einem der netten Straßencafés einen Kaffee trinken und abends in den Kneipen Billard spielen oder tanzen. *N–O 6–7*

26 THE HEART OF CAPE TOWN MUSEUM

Das Herz wechselt den Körper, ein kurzer Elektroschock – und das neue Leben beginnt. Im Krankenhaus Groote Schuur schrieb Professor Christiaan Barnard 1967 Medizingeschichte, als er die erste erfolgreiche Herztransplantation durchführte. Sein Patient überlebte damals zwar nur 18 Tage, aber noch heute wird im Transplantationsmuseum das berühmte Herz ausgestellt. In demselben Raum, in dem Barnard die Operation vornahm, ist das Szenario heute mit Silikonfiguren nachgestellt (Wachsfiguren würden in der Kapstädter Hitze schmelzen). Außerdem findest du im Museum das weltweite Presse-Echo auf die medizinische Sensation, Barnards Fanpost und weitere Zeitdokumente. Führungen vorher buchen! Empfohlenes Mindestalter: 10 Jahre. *Führungen tgl. 9, 11, 13 Uhr | Eintritt 350 Rand | Old Main Building, Groote Schuur Hospital | Main Road | Tel. 02 14 04 19 67 | heartofcapetown.co.za | 2 ½ Std. | M7*

27 RHODES MEMORIAL

Wie es mit größenwahnsinnigen Politikern eben ist – sie verewigen sich gerne. Cecil Rhodes tat es gleich doppelt, als er Nord- und Südrhodesien (die heutigen Staaten Simbabwe und Sambia) seinen Namen gab. Als 17-Jähriger kam Rhodes 1870 völlig mittellos in Kapstadt an, ehe er später ein Vermögen mit Diamanten machte. Mit dem Monument erinnert die Uni Kapstadt noch heute an ihren großzügigen Geldgeber. Die Studenten jedoch wollen die Loblieder auf den brutalen Kolonialisten nicht länger anstimmen: Wochenlang demonstrierten sie 2015 unter dem Motto „Rhodes Must Fall" für den Abriss einer Rhodes-Statue auf dem Universitätscampus: mit Erfolg. Das Rhodes Memorial steht aber noch – und das solltest du trotzdem besuchen. *M9*

28 DEVIL'S PEAK

Der knapp über 1000 m hohe Berg liegt von der Innenstadt aus gesehen an der linken Seite des Tafelbergs. Die schönsten Blicke auf seinen Gipfel hat man vom Park um das *Rhodes Memorial* aus. Von hier aus führen auch Wanderwege am Berg entlang. *K9*

29 KIRSTENBOSCH NATIONAL BOTANICAL GARDENS ★

Kapstadts grüne Lunge! Entworfen im Jahr 1895 zählt der Botanische Garten heute zu den schönsten Parkanlagen der Welt. Die Artenvielfalt ist überwältigend: Über ein Drittel der 22 000 in Südafrika vorkommenden Pflanzen wachsen in Kirstenbosch. Zwischen Dezember und April finden auf der

Rhodes Memorial: Denkmal für den Diamantenkönig und Kolonialherrn

Open-Air-Bühne die von den Kapstädtern geliebten Sommerkonzerte statt.

INSIDER-TIPP
Rockige Farne und jazzige Rosen

Vor traumhafter Bergkulisse verbringt man den Abend auf einer Wiese bei Picknick und Wein und hört den Größen der südafrikanischen Musikszene zu. *Sept.–März tgl. 8–19, April–Aug. tgl. 8–18 Uhr | Eintritt 220 Rand | Rhodes Drive | sanbi.org | 4 Std. | b2–3*

30 TAFELBERG ★

Viele Wege führen auf den Tafelberg, genauer gesagt: etwa 500. Der bequemste ist natürlich die Fahrt mit der Seilbahn von Kloof Nek aus. Darüber hinaus gibt es die unterschiedlichsten Wander- und Kletterrouten auf den Berg. Die schönste Strecke startet vom Botanischen Garten in Kirstenbosch aus. Je nach Kondition braucht man für diesen Aufstieg 2 bis 3 Stunden. Hier siehst du, weshalb die Ureinwohner Kapstadt als *Camissa* (Ort der süßen Wässer) bezeichneten: Etwa 20 Quellen entspringen am Tafelberg und fließen durch Kanäle ins Meer.

Vorsicht bei Regen: Der steinige Weg, der an einigen Stellen über Holzleitern führt, kann dann sehr rutschig werden. In der Nähe der Seilbahn führt ein weiterer Weg über die *Platteklip Gorge* – eine schmale Schlucht, die steil und zügig nach oben führt.

Den Tafelberg solltest du nicht unterschätzen! Oben wird es schnell frisch, vor allem, wenn Wolken aufziehen. Dann verlaufen sich Wanderer auch schnell. Achte darauf, dass dein Handy noch ausreichend geladen ist, damit du im Notfall noch die Nummer der *Mountain Rescue (Tel. 02 19 37 03 00)* oder der *Kirstenbosch Security (Tel. 021 7 99 86 18)* wählen kannst.

Die Twelve Apostles in der Abendsonne beschützen Camps Bay

Auf dem Tafelberg angekommen, wartet ein atemberaubender Blick in alle Himmelsrichtungen. Von hier oben posteten schon Stars wie David Hasselhoff ihre Urlaubs-Selfies. Außerdem hast du vielleicht das Glück, einige wild lebende Tiere zu beobachten. Die Meerschweinchen ähnelnden Dassies laufen einem schon an der Seilbahnstation über die Füße. Scheuer sind Bergziegen, Steinböcke und Paviane. Je nach Jahreszeit und Wetterlage startet die erste Bahn zwischen 8 und 8.30 Uhr, die letzte kommt zwischen 18 und 21.30 Uhr zurück. Besonders im Sommer kann die schwitzende Warteschlange lang werden. Hast du es extra eilig oder plagt dich die Hitze besonders? Dann kannst du mit dem online buchbaren Fast-Track-Ticket (850 Rand) an den Wartenden vorbeigehen *(Hin- und Rückfahrt 395 Rand | Tel. 02 14 24 00 15 | table mountain.net). Table Mountain Road |* *D–L 8–12*

INSIDER-TIPP
www gegen den Hitzekollaps!

31 GROOT CONSTANTIA ★

Allein und im Kalten saß er seine Strafe ab: Napoleon Bonaparte müssen die Abende auf St. Helena lang geworden sein, doch zumindest durfte er sich die Zeit auf der Exilinsel mit seinem Lieblingswein versüßen. Bis heute besitzt das Weingut Groot Constantia den Original-Bestellschein des französischen Diktators, der pro Monat 30 Flaschen „Grand Constance" trank. Angeschlossen an Südafrikas ältestes Weingut ist ein Museum, das seine Geschichte beleuchtet. Die Farm wurde 1685 vom späteren Gouverneur am Kap, Simon van der Stel, gegründet. Seine Möbel, Gemälde und Vasen sind in seinem Wohnhaus noch so gut erhalten, dass man das Gefühl hat, im nächsten Moment könnte der Hausherr um die Ecke biegen, um die Gäste höflich zu bitten, sein Wohnzimmer zu verlassen. Gleich daneben findet man eins der beiden Restaurants der Farm: Im *Jonkershuis (Tel. 02 17 94 62 55 | €€)* wird traditionelle Küche zubereitet, z. B. der *Malay Plat-*

ter, eine Zusammenstellung kapmalaiischer Köstlichkeiten. Die Schokolade-Wein-Verkostung ist zum Dahinschmelzen. Oder du buchst gleich die *Visitors Route Experience:* 140 Rand/Pers. für den Eintritt ins Museum, eine Weinverkostung, eine Kellertour und ein Weinglas als Geschenk. Wer sonst keinen Wein trinkt, freundet sich am ehesten mit Napoleons Grand Constance an, einem edlen, aber sehr süßen Tropfen. Charmante, kleinere Weingüter liegen in unmittelbarer Nachbarschaft. *Tgl. 9–17 Uhr | Tel. 02 17 94 51 28 | Groot Constantia Road | grootconstantia.co.za |* *b3*

32 SANDY BAY

Etwas abseits liegt der Strand von Sandy Bay. Gerade an den Wochenenden der Hochsaison findet man hier noch die Ruhe, die an den anderen Stränden im Trubel untergeht. Nach Sandy Bay gelangt man, indem man der Hauptstraße, die durch Camps Bay führt, immer weiter folgt und rechts nach Llandudno abfährt. Dort angekommen, folgt ein etwa 20-minütiger Fußmarsch auf einem kleinen Trampelpfad, bis man den Strand unterhalb des Berges *Little Lion's Head* erreicht (der Weg ist ausgeschildert). Wer endlich angelangt ist und feststellt, dass er die Badehose resp. den Bikini vergessen hat: Das macht hier gar nichts. Du wirst nicht der Einzige ohne Stoff am Körper sein – Sandy Bay ist nämlich das inoffizielle FKK-Paradies Kapstadts. *a3*

33 TWELVE APOSTLES

Der Gebirgszug der Zwölf Apostel erstreckt sich vom Tafelberg in Richtung Süden. In den unwegsamen Bergen kann man zwar nicht wandern, dafür ist es umso schöner, an den Stränden entlang der Apostel zu liegen und mit dem Meeresrauschen im Rücken den Blick auf die Berggipfel zu genießen. *a–b 2–3*

34 CAMPS BAY

Wenn man den Stadtteil heute sieht, kann man kaum glauben, dass sich bis ins 20. Jh. hinein niemand hier niederlassen wollte. Die holländischen Gründungsväter waren von dem heute so beliebten Strand völlig unbeeindruckt. Sie hielten das Gebiet für unattraktiv, weil es zu weit vom Stadtkern entfernt liegt. Erst in der jüngeren Vergangenheit entwickelten sich Camps Bay und das benachbarte Clifton zum Hort von Reichtum: Immer mehr Villen und edle Hotels sind hier entstanden, und inzwischen können sich nur noch wenige Kapstädter und wohlhabende Ausländer ein

Grundstück hier leisten. Die Strandpromenade ist gesäumt von schicken Bars und Restaurants. In die Kategorie „Sehen und gesehen werden" fällt das *Café Caprice (Mo 12–24, Di–So 9–24 Uhr | 37 Victoria Road | Camps Bay | Tel. 02 14 38 83 15 | cafecaprice.co.za | €€)*. Ein Stadtmagazin hat den weiten, weißen Strand, an dem man sich gern zum Beachvolleyball trifft, einmal „Côte de Camps Bay" genannt. Hier findet man im Sommer auch den schönsten Sonnenuntergang in Kapstadt: Im 1. Stock des Promenade Centre liegt das *La Belle Bistro & Bakery (tgl. 8–23 Uhr | Victoria Road | Tel. 02 14 37 12 78 | labellecampsbay.co.za | €€)*. Auf der Terrasse gibt's Cocktails und Bier zum Sundowner. *B–C 8–9*

INSIDER-TIPP
Coole Tradition: Sundowner

35 LION'S HEAD

Der Lion's Head ist ein besonders guter Ort, um der Sonne beim Versinken im Atlantik zuzusehen. Bis ins frühe 19. Jh. streiften über den „Löwenkopf" tatsächlich noch Löwen; heute sind seine Raubtiere etwas kleiner: Vielleicht entdeckst du Spuren von einem Karakal oder einer Afrikanischen Wildkatze. Von der M 62 geht eine Straße in Richtung Signal Hill ab. 300 m weiter beginnt ein Wanderweg, der auf den Gipfel führt. Die gesamte Tour dauert etwa zweieinhalb Stunden. Aus Sicherheitsgründen solltest du nur in Gruppen von drei oder mehr Personen wandern. Wem der Fußmarsch

Steil und sonnig, aber sehr lohnend: der Aufstieg auf den Lion's Head

ohnehin zu anstrengend ist, der fährt im Auto weiter zum *Signal Hill* *(🕮 E3)* und hat mit Meer und Hochhäusern auch von dort ein tolles Fotomotiv! Unterhalb des Gipfels vom Lion's Head starten Paraglider zu Flügen über Camps Bay und den Ozean. Ein Tandemflug mit einem erfahrenen Piloten ist ein unvergessliches Erlebnis; z. B. *Go Paragliding (Preis 1500 Rand | Tel. 08 29 66 20 47 | goparagliding.co.za). Kloof Nek Road | auf der M 62 zwischen Camps Bay und Innenstadt ausgeschildert | 🕮 C6*

36 SEA POINT

Sea Point liegt direkt am Meer und ist trotzdem noch bodenständig. An der Strandpromenade, eine der beliebtesten Joggingstrecken der Stadt, reihen sich die Apartmenthäuser aneinander. Durch die Main Road fahren tagsüber hupende Minibustaxis und in den Restaurants und Imbissbuden entlang der Hauptstraße kann man sich rund um die ganze Welt essen. Die Promenade wird abends von Lichterketten beleuchtet. Sonntags flaniert hier der ganze Stadtteil – und schmunzelt über die weißen Pferdestatuen im Gras. Was es mit ihnen auf sich hat, kann man vor Ort nachlesen. Vorab: Es geht um ein gestrandetes Schiff und viel Whiskey. Wem der Ozean zum Schwimmen zu kalt ist, der kann hier trotzdem in Salzwasser baden: Am Ende der Promenade gibt's den einzigen Meerwasserpool Kapstadts *(im Sommer tgl. 7–18.30 Uhr | Eintritt 33 Rand | Lower Beach Road). 🕮 C–D 3–4*

INSIDER-TIPP
Pool mit Meerblick

37 TOWNSHIP LANGA

1994 erlangten die schwarzen Südafrikaner ihre politische Freiheit. Doch von einem Leben in Wohlstand ist der Großteil der Bevölkerung immer noch weit entfernt. Sinnbild dafür sind die Hüttensiedlungen am Stadtrand: Im Winter pfeift der Wind durch die Wellblechschuppen, im Sommer verwandelt die Sonne sie in Backöfen. Weil die Bevölkerung in den letzten Jahren schneller gewachsen ist, als die Stadt Infrastrukturen aufbauen konnte, wohnen in vielen Häusern bis zu acht Familien. Doch die Lebensverhältnisse unterscheiden sich sehr stark: Viele Menschen leben bereits in einfachen Häusern mit Wasseranschluss und Strom, darunter auch hier geborene Anwälte und Ärzte. Auch Einkaufszentren gibt es mittlerweile in Townships. In Kapstadt hört man häufig den Begriff *Cape Flats,* der so gut wie gleichrangig zu Townships gebraucht wird, weil viele von ihnen in der flachen, sandigen Fläche zwischen dem Tafelberg und der False Bay liegen.

Für ein authentisches Bild vom Leben in den Townships solltest du eine Tour durch *Langa*, das älteste Township Kapstadts, buchen, z. B. mit *Siviwe Tours (Tel. 07 64 83 55 39 | siviwetours.com).* Siviwe Mbinda ist in Langa aufgewachsen und führt Gruppen etwa in Township-Kneipen, wo sie selbst gebrautes Bier trinken, oder in die Wohnungen der Arbeiter. So kommt man in Kontakt mit Kapstädtern, die man an den Stränden und in der Innenstadt nicht trifft. Lass dir das Sozialprojekt *Ikhaya Le Langa (ikhayalelanga.co.za)* zeigen. Für einen Kulturaus-

Kunsthandwerk als Lebensunterhalt: Töpferwerkstatt im Township Nyanga

tausch auf Augenhöhe kannst du dich auch für eine Nacht in dem Township einquartieren; such bei Airbnb einfach mal nach „Langa".

AUSFLÜGE

38 BLOUBERGSTRAND

20 km vom Zentrum, 30 Min. mit dem Auto

Eine kurze Autofahrt von der Innenstadt entfernt liegen die Strände von Bloubergstrand. Abends verschwimmt der Tafelberg hier in bläulichem Dunst. Nach einem relaxten Strandtag kann man dann den spektakulären Sonnenuntergang genießen. Die Strecke führt vom Zentrum aus auf die N 1, dann fährst du ab auf die R27 Richtung *Milnerton*. Wenn du entlang der Strecke hinter den Dünen Drachen am Himmel entdeckst, lohnt sich ein Zwischenstopp am Strand. Zum Entspannen und Baden ist es dann vermutlich zu windig, dafür kannst du nun die waghalsigen Kitesurfer beobachten, die vor der Kulisse des Tafelbergs über den Atlantik rasen. Den Berufsverkehr *(ca. 16–18 Uhr)* solltest du aber meiden.

Etwa 20 Minuten weiter stadtauswärts liegt die *Cape Town Ostrich Ranch (tgl. 9–17 Uhr | Van Schoorsdrif Road (Zufahrt über N 7) | Philadelphia | ostrichranch.co.za | 2 Std.)*. Dort dreht sich alles um die komischen Vögel: Bei einer geführten Tour kannst du auf Straußeneiern balancieren, den Nachwuchs im Kindergarten beobachten und die Tiere sogar füttern.

INSIDER-TIPP
Sicher im Wasser

Den schönsten Badestrand findest du in der *Big Bay:* Einfach der Straße durch den Ort folgen und im Kreisverkehr links abbiegen. Hier geben Rettungsschimmer auf

die Badenden acht, und meist ist es windstill. Schon bei Tageslicht ist der Anblick des Tafelbergmassivs überwältigend. Wenn die Sonne dann langsam in den Ozean abtaucht, wird daraus ein so schönes Schauspiel, dass du es mit einem Glas Wein in der Hand feiern solltest. Der beste Platz dafür ist die Wiese vor dem Hotel *The Blue Peter (tgl. 9.30–22 Uhr | 8 Popham Street | Tel. 02 15 54 19 56 | €€).* Die Atmosphäre gleicht am Wochenende der eines gemütlichen Après-Ski-Abends bei 20 Grad: Kapstädter stoßen mit Urlaubern auf einen traumhaften Tag am Strand an – in der einen Hand ein Stück Pizza, in der anderen ein Glas Wein – und lassen sich vom großartigen Anblick ihrer Stadt berauschen, die umso schöner strahlt, je dunkler es wird.
Alternativ zur Pizza des *Blue Peter* gibt es einen Steinwurf weiter exklusive Küche. Im *On the Rocks (tgl. 9–22 Uhr | 45 Stadler Road | Tel. 02 15 54 19 88 | €€)* steigt einem die salzige Ozeanbrise in die Nase, was die Fischgerichte gleich noch schmackhafter macht. Am besten reserviert man einen Tisch an der riesigen Fensterfront am Wasser mit Blick auf die Stadt. Bei einem Brandy nach dem Essen kannst du den Tag hier entspannt ausklingen lassen.
Frisch verliebt oder einfach nur Lust auf eine Auszeit? Noch entlegener ist der *Derde Steen* (Dritter Stein) oberhalb von Big Bay. Hier gibt es keine anderen Touristen oder hupende Autos bei der Parkplatzsuche. Stattdessen bunten Muschelgrit und eine großartige Sicht auf Robben Island. An windstillen Tagen lassen sich hier auch manchmal Seehunde in Küstennähe beobachten. Nach deinem Spaziergang solltest du ins nahegelegene *Ons Huisie (tgl. 9–21 Uhr | Stadler Road | Bloubergstrand | onshuisie.co.za | €€€)* gehen, Kapstadts authentischstes Fischrestaurant. *b1*

39 TYGERBERG

24 km vom Zentrum, 30 Min. mit dem Auto

Von keinem anderen Berg hat man so eine tolle Aussicht auf … den Berg. Im Naturreservat *Tygerberg (Mo–Fr 7.30–18, Sa/So 7.30–19 Uhr | Eintritt 30 Rand | Totius Street | Welgemoed | Tel. 02 14 44 89 71)* erklimmst du den Gipfel in nur 20 Minuten, oben erwartet dich ein wunderschönes Panorama auf Kapstadt vor Tafelbergkulisse. Nach deiner Wanderung kannst du im Fahrtwind abkühlen: Die Sommerrodelbahn von *Cool Runnings (Mo–Fr 11–18, Sa/So 9–18 Uhr | ab 75 Rand | Carl Cronje Drive | Bellville | coolrunnings.capetown)* ist 1,2 km lang und hat ganzjährig geöffnet. *c1*

40 FALSE BAY

40 km vom Zentrum bis Simon's Town, 45 Min. mit dem Auto

Mist, verfahren! Stell dir vor, du bist wochenlang unterwegs und auf den letzten Kilometern lässt dein Navigationssystem dich im Stich. So ähnlich erging es vielen der ersten Seefahrer am Kap, darunter Portugiesen und Holländer. Für sie war die Ankunft eine herbe Enttäuschung, als sie auf dem Weg nach Kapstadt ihr Ziel verfehlt hatten. Daher hat die Bay ihren Namen: „falsche Bucht". In deinem Urlaub solltest du die False Bay hingegen bewusst ansteuern, denn hier liegen charmante Küstendörfer und Badestrände. Ziel des Ausflugs ist die *Pinguinkolonie* am südlichsten Punkt der Route. Du verlässt Kapstadt auf der M 3, die durch das Constantia-Tal in Richtung Muizenberg führt.

Muizenberg ist Badeparadies, denn hier ist das Wasser wärmer als auf der anderen Seite der Halbinsel. Das Strandpublikum in Muizenberg ist bunt gemischt: Im Gegensatz zu den schicken Stränden von Camps Bay und Clifton kommen hier Menschen aller Hautfarben und sozialen Schichten her – viele auch, um in der ältesten Surfschule Kapstadts das Wellenreiten zu lernen. *Gary's Surf School (Balmoral Building | 34 Beach Road | Tel. 02 17 88 98 39 | garysurf.co.za)* verleiht Boards und Wetsuits und gibt Unterricht. Die meist zahmen Wellen sind perfekt, um die ersten Stehversuche auf dem Brett zu machen. Weniger harmlos als die Wellen sind die Haie, die hier gelegentlich aufkreuzen. Doch es gibt Sharkspotter und ein Frühwarnsystem. Besonders in Muizenberg ist das Risiko deshalb äußerst gering.

INSIDER-TIPP
Der erste Schritt: stehen bleiben!

Weder Lust auf Haie, noch auf kaltes Wasser? Dann gibt's eine Alternative: Am Straßenrand befinden sich mehrere *Tide Pools*, ins Meer eingelassene Becken, die sich mit Salzwasser füllen, das durch die Sonne erwärmt wird. An der Küste entlang führt der Weg weiter in Richtung Kalk Bay. Beim Durchfahren von *St James* werden dir bunt bemalte Hütten am Strand auffallen: Sie waren zu Zeiten der Apartheid Umkleidekabinen, die nur Weiße benutzen durften. Heute sind sie allen gleichermaßen zugänglich und eine Art Wahrzeichen der False Bay.

Kalk Bay, der nächste Ort der Tour, wurde Ende des 17. Jhs. als günstige Anlegestelle entdeckt, weil es hier einen natürlichen Hafen gab. So konnten die ersten Siedler bequem zum Fischen aufs Meer hinausfahren. Den Namen verdankt der Ort der Tradition, aus verbrannten Muscheln Kalk zu gewinnen. Die Briten, die im frühen 19. Jh. hierher kamen, nutzten den Ort als Stützpunkt für den Walfang. Später wurde Kalk Bay vor allem als Sommerresidenz für Besserverdienende beliebt. Weil ab den 1920er-Jahren die Wirtschaft jahrzehntelang am Boden lag, wurde in dieser Zeit kaum gebaut, weshalb die schönen alten Gebäude nicht von Neubauten verdrängt wurden. Besonders im August und September sieht man mit etwas Glück von der Main Road aus Wale und Delfine vorbeiziehen. Nicht zu überbieten ist dieses Schauspiel bei einem Glas Wein im *Harbour House (tgl. 12–22 Uhr | Tel. 02 17 88 41 33 | €€€),* einem Fischrestaurant im Hafen. Mittags kommen die Fischer vom Meer zurück und preisen ihren Fang an. Beim Stadtbummel schaut man am besten in den Galerien und Boutiquen der Nachbarschaft vorbei.

Weiter geht es Richtung Süden zur Pinguinkolonie am *Boulders Beach*. Dabei kommst du durch *Simon's Town*, den Marinestützpunkt am Kap. Besuch doch die Statue von Just Nuisance im Stadtzentrum. Die Deutsche Dogge mit dem Namen „Nervensäge" diente als einziger Hund in der Royal Navy – als Vollmatrose! Weshalb, verrät dir das Schild vor Ort. Hinter Simon's Town folgt der Abzweig zur *Boulders Penguin Colony (tgl. Dez./Jan. 7–19.30, Feb./März 8–18.30, April–Sept. 8–17, Okt./Nov. 8–18.30 Uhr | Eintritt 176 Rand | Tel. 02 17 86 23 29)*. Aus zwei Pärchen, die 1982 hier angesiedelt wurden, sind mittlerweile ca. 3000 Pinguine geworden. Die tiefenentspannten Tiere lassen sich von den Besuchern nicht aus der Ruhe bringen. Man kann hier sogar mit Pinguinen schwimmen. *b4–5*

INSIDER-TIPP
Hund mit Rang und Namen

41 KAP DER GUTEN HOFFNUNG ★

65 km vom Zentrum, 1 Std. 20 MIn. mit dem Auto

Der Ausflug führt am frühen Morgen zum *Kap der Guten Hoffnung*. Die Rückfahrt wird von mehreren Stopps unterbrochen: Ein Ausritt am Strand, ein Erinnerungsfoto am Abgrund und fangfrischer Fisch.

Am besten bricht man früh auf, dann hat man die ruhigen Stunden am Kap noch für sich. Fahr über die M 3 Richtung Muizenberg und folg der Wegbeschreibung zum „Cape Point". Für den Besuch solltest du den ganzen

Bunte Holzhütten säumen den beliebten Strand der False Bay bei St James

Vormittag einplanen: Das Kap ist zu Recht eines der beliebtesten Touristenziele der Region *(Okt.–März 6–18, April–Sept. 7–17 Uhr | Eintritt 376 Rand | tmnp.co.za).* In dem Nationalpark leben u. a. wilde Zebras, Paviane, Antilopen und Strauße. Die meisten Tierarten bekommt man auch zu Gesicht, sei es vom Auto aus oder wenn man eine der Wanderstrecken auf dem Gelände abläuft. Der Großteil der Besucher legt nur einen Halt an den beiden Leuchttürmen am *Cape Point* und einen Fotostopp am „Cape of Good Hope"-Schild ein, das weiter westlich steht. Daher kann man den Touristenströmen relativ leicht entgehen.

Um sich auf dem Gelände zu orientieren, stoppst du zunächst im *Buffelsfontein Visitor Centre (ausgeschildert, auf halber Strecke zwischen Einlass und Cape Point | Tel. 02 17 80 91 00).* Dort gibt es neben Karten und Infos zu den Wanderrouten (von 40 Min. bis zu zwei Tagen) auch Walknochen zu bestaunen. Aber Vorsicht vor den Pavianen: Hin und wieder sieht man sie mit orangefarbenen Lippen; dann haben sie einem Touristen wieder mal die Chipstüte geklaut und verschlungen. Füttern ist übrigens verboten und wird mit Geldbußen bestraft!

Ein Seehund planscht in der Hout Bay

Nun geht's vom Kap der Guten Hoffnung weiter entlang der Westküste durch *Scarborough* und *Kommetjie* in Richtung *Noordhoek*.

INSIDER-TIPP
Wellenreiten trocken

Keine Lust auf Sand in den Schuhen? Dann ab in den Sattel, denn der Strand lässt sich super auf dem Pferd erkunden. Der kilometerlange Strand ist zum Baden vor allem unter der Woche leider nicht zu empfehlen, weil es hier sehr einsam ist und gelegentlich zu Überfällen kommt. Auf dem Pferd muss man sich aber keine Sorgen machen. Die *Imhoff Farm (tgl. 9, 12 und 15.30 Uhr | 750 Rand | Kommetjie Road | Kommetjie | imhofffarm.co.za)* bietet Ausritte an; Buchung erforderlich.

Kurvenreich und steil, aber mit unglaublichem Ausblick geht's weiter über den *Chapman's Peak Drive (61 Rand/PKW).* Die 10 km lange Küstenstrecke wurde ab 1915 in den Berg gesprengt – gut 150 m über dem Meeresspiegel. Anhalten solltest du an den Aussichtsbuchten für ein Selfie mit Meerespanorama! Allerdings ist der *Chapman's Peak Drive* immer wieder für Reparaturarbeiten oder wegen schlechten Wetters gesperrt. Informier dich vorher unter *chapmanspeakdrive.co.za* oder *Tel. 02 17 91 82 22.*

T'Houtbaaitjen bedeutet „Holzbucht"; den Namen gab Jan van Riebeeck

Auf dem Holzweg: entlang der Küste durch das Naturschutzgebiet am Kap

dem heutigen *Hout Bay*. Hier endet die Küstenstraße. Den industriellen Aufstieg hat Hout Bay aber nicht dem Holz, sondern dem Fischfang und dem Export von Fischkonserven zu verdanken. Von einem Boot aus kannst du die Robben auf *Duiker Island* beobachten. Ein seltenes Urlaubserlebnis ist es, selbst ins Wasser zu gehen und mit den Tieren zu tauchen. Der Zoologe Steve Benjamin bietet bei *Animal Ocean's Seal Snorkeling (3 Std. Schnorcheln 990 Rand, Tauchen nur auf Anfrage | Hout Bay Harbour | Tel. 07 22 96 91 32 | sealsnorkeling.com)* unvergessliche Ausflüge an.

Ein gemütliches Fischrestaurant ist das *Mariner's Wharf (tgl. 9–21.30 Uhr | Harbour Road | Hout Bay | Tel. 02 17 90 11 00 | marinerswharf.co.za | €€)*, wo das beste Meeresfrüchte-Curry im Umkreis serviert wird.

INSIDER-TIPP
Muscheln, Calamari, scharf!

Wer es bodenständiger mag, fährt zum Ende der Harbour Road und bestellt im etwas versteckten *Fish On The Rocks (tgl. 9–20 Uhr | 1 Harbour Road | Tel. 02 17 90 00 01 | fishontherocks.co.za | €)* Fish & Chips oder Garnelen. Ebenfalls in Hout Bay gibt es bestes Eis: Safran/Pistazie oder Weiße Schokolade/Mohn sind nur zwei exotische Sorten bei *Sinnfull Ice (tgl. 11–19 Uhr | Harbour Road | sinnfull.co.za)*. Mit vollem Bauch folgt man dann der Beschilderung in Richtung Kapstadt; die Straße zurück führt direkt nach *Camps Bay*. b6

ESSEN & TRINKEN

Die Küche Kapstadts ist mindestens genauso bunt wie seine Bevölkerung. Das liegt nicht zuletzt daran, dass auch die Gerichte von drei verschiedenen Kontinenten stammen. Es beginnt bei afrikanischen Spezialitäten, geht über zu indischen Currygerichten und endet noch lange nicht bei kapmalaiischen Leckereien, den für Kapstadt typischen Delikatessen: Das sind die Resultate der Mischung aus malaiischer und europäischer Esskultur.

In Kapstadt trifft das Straußensteak auf das Garnelencurry und die Springbockkeule auf den *Bobotie* (ein gewürzter Hackbraten, ge-

Japanische Küche mit Kap-Touch im Restaurant Nobu

süßt mit Rosinen oder Aprikosen). Was die Kapstädter Restaurantszene so spannend macht, ist der überbordende Ideenreichtum der Küchenchefs: Sie vermischen afrikanische Einflüsse mit europäischen Rezepten, braten Steaks mit herber Schokolade und Chilischoten und backen Pizza mit frischer *Butternut* (einer für die kapmalaiische Küche typischen Kürbisart). Und natürlich sieht man den Speisekarten an, dass Kapstadt am Meer liegt: Aus der riesigen Auswahl an frischen Meeresfrüchten, die die Fischerboote Tag für Tag mit an Land bringen, bereiten die Köche vorzügliche Gerichte.

WO KAPSTADT ISST

THREE ANCHOR BAY

Main Road

Beach Road

ATLANTIC OCEAN

SEA POINT

Signal Hill

Regent Road

Kloof Road

FRESNAYE

KLOOF STREET

Kleine Cafés mit italienischem Flair – und starkem Espresso

BANTRY BAY

Kloof Nek Road

CAMPS BAY

In den Boutique-Cafés des Villenviertels wird exklusiv gekocht

CLIFTON

Victoria Road

Kloof Road

Glen Beach

CAMPS BAY

Camps Bay

Camps Bay Drive

Table Mountain National Park

Table Bay

WATERFRONT

Den Anker ★

BO-KAAP

BO-KAAP

Im muslimischen Viertel gibt es traditionelle kapmalaiische Küche

Helen Suzman Blvd

Pigalle ★

Café Charles ★

Old Fire Station

BREE STREET

Im internationalen Viertel treffen Tapas auf Souvlaki und Fish & Chips

Nelson Mandela Blvd

Strand 1

Buitengracht Street

Wale Street

Heaven Coffee Shop ★

Cape Town Station

Barnard St.

Adderley St.

Eastern Food Bazaar ★

Ch.

FORESHORE

Darling St.

Dorp 1

CITY CENTRE

Newmarket Street

Sir Lowry Road

Michaelis

Ludwig´s Garden

Orange Street

LONG STREET

Hier kommen Gerichte vom ganzen Kontinent auf den Teller

Mount Nelson Hotel ★

Mill Street

GARDENS

ZONNEBLOEM

Philip Kgosana Drive

VREDEHOEK

MARCO POLO HIGHLIGHTS

★ **CAFÉ CHARLES**
Westkap-Küche im Lieblingscafé junger Kapstädter ➤ S. 60

★ **HEAVEN COFFEE SHOP**
Sündhafte Leckereien in der Kirche ➤ S. 62

★ **MOUNT NELSON HOTEL**
Englische Teetradition am Kap ➤ S. 62

★ **AZURE**
Dinieren mit direktem Blick auf den Atlantik ➤ S. 63

★ **DEN ANKER**
Brunch mit Ausblick ... und belgischem Bier ➤ S. 67

★ **PIGALLE**
Das Lieblingsrestaurant der Kapstädter ➤ S. 67

★ **EASTERN FOOD BAZAAR**
Kulinarischer Schmelztiegel: Hier trifft Bo-Kaap auf Istanbul und Bombay ➤ S. 68

Gourmets kommen am Kap voll auf ihre Kosten, denn vor allem die Restaurants gehobener Klasse sind vergleichsweise günstig. Auch die hervorragenden Weine der Region sind äußerst preiswert. Die Kapstädter bringen sich ihren Wein allerdings auch gerne selbst mit und zahlen in Restaurants, wo dies gestattet ist, eine *corkage fee*, eine geringe Gebühr von ca. 50 Rand für das Entkorken der Flasche. Die halbleeren Flaschen nehmen sie wieder mit nach Hause, genau wie das Essen, das sie nicht mehr geschafft haben. Am Handgelenk tragen elegante Kapstädter Damen auf dem Weg nach Hause daher nicht nur ihre Handtasche, sondern auch gern den *Doggybag*.

Neben Weinen der Region wie Chardonnay, Shiraz und Pinotage ist zum Essen vor allem Bier sehr beliebt, besonders das „Castle" und das in Namibia nach deutschem Reinheitsgebot (!) gebraute „Windhoek" sowie diverse Craftbiere. Und nach dem Essen räumt nichts so gut den Magen auf wie ein Brandy, für den z. B. die Weingenossenschaft KWV aus Paarl berühmt ist. Weil sich die meisten Restaurants großer Beliebtheit erfreuen, solltest du in jedem Fall einen Tisch reservieren. Und geh bloß nicht zweimal in dasselbe Restaurant: Es gibt einfach so viele gute, dass man jeden Abend ein neues ausprobieren kann – und sollte!

CAFÉS & BISTROS

1 BISTRO 1682

Steenberg war die erste Farm am Kap, ihre heutigen Besitzer nannten das Bistro nach dem Gründungsjahr: 1682. Die Architektur des Restaurants ist allerdings schnörkellos modern. Hier verkostet man erst die Weine der Farm und kommt anschließend für die berühmten Tapas ins Bistro. Die von Wasser umflossene Terrasse ist eine der schönsten der Stadt. *Tgl. 9–22 Uhr | Steenberg Road | Tel. 02 12 05 38 66 | Constantia Valley | b3*

2 CAFÉ CHARLES ★

Auf den Holztischen liegt die lokale Tageszeitung aus und irgendwo in der Ecke arbeitet ein Yuppie hinter seinem Laptop. Typisch Kapstadt, lautet auch das Motto der Küche: Dort werden Karoo-Straußensteaks, Boerenkaas, Bobotie und Westkap-Muscheln zubereitet. Der Hauswein kommt aus dem Dörfchen Malgas an der Südküste. *Tgl. 7–15 Uhr | 137 Waterkant Street | Tel. 02 13 00 01 82 | charles.capetown | De Waterkant | G3*

3 CAFÈ PARADISO

Nirgendwo ist das Wochenend-Frühstück so entspannt wie hier. An einem Sommermorgen sitzt man im Gastgarten zwischen Bäumen und beobachtet das Treiben auf der Kloof Street. Die Brötchen kommen genauso aus der eigenen Bäckerei wie die Pasta, für die das Café berühmt ist. *Mo–Fr 12–22, Sa/So 9–22 Uhr | 110 Kloof Street | Tel. 02 14 22 04 03 | cafeparadiso.co.za | Gardens | E6*

4 CHARLY'S BAKERY

Schon die rosa Fassade des viktorianischen Hauses verrät: Hier werden die

Lockerer und leckerer Treff in Green Point: Giovanni's

Träume kleiner und großer Mädchen erfüllt. In der Familienbäckerei servieren dir *Charly's Cake Angels* neben Einhorn-Cup-Cakes und Emoji-Torten auch herzhafte Pies. *Di–Fr 8–17, Sa 8.30–14 Uhr | 38 Canterbury Street | charlysbakery.co.za* | *Zonnebloem* | *H5*

5 CHEFS WAREHOUSE

In der besten Tapasbar der Stadt arbeiten Mitarbeiter aus einem halben Dutzend Ländern – die jeweilige Kochkunst mischt sich hier sehr gelungen. Der ideale Ort für ein frühes Dinner. *Mo–Sa 12–22 Uhr | 91 Bree Steet | Tel. 02 17 73 04 40 | chefswarehouse.co.za* | *Central* | *G4*

6 EL GREEYO COFFEE ROASTERY

Bienvenido! Der Besitzer dieses Cafés, ein gebürtiger Kubaner, röstet die Bohnen in der angeschlossenen Rösterei noch selbst. Während du ihm durch die Glaswand zusiehst,

kannst du im gemütlichen Bistro lateinamerikanische Spezialitäten bei kubanischer Musik genießen. *Mo–Fr 6–16.30, Sa 7–14.30 Uhr | 18 Brickfield Road | Tel. 02 14 47 66 61 | elgreeyo.co.za* | *Salt River* | *M6*

7 GIOVANNI'S

Little Italy in Kapstadt: Bei Giovanni gibt's neben leckerem Schinken und einem herzhaften Büfett wunderbar starken Espresso, der hier gern zur Lektüre einer lokalen Tageszeitung geschlürft wird. Und die Strandpromenade ist auch nur 5 Minuten entfernt. Lass dir doch, bevor du ans Meer gehst, noch ein Baguette für den Weg zubereiten! *Tgl. 7.30–20.30 Uhr | 103 Main Road | Tel. 02 14 34 68 93 | giovannisdeli.co.za* | *Green Point* | *F2*

8 HEAVEN COFFEE SHOP ★

Die Methodisten-Mission im Zentrum ist die Revolutionärin unter Kapstadts Kirchen. Kein Wunder also, dass es sogar ein Bistro bis in die heiligen Hallen geschafft hat. Eine einzigartige Atmosphäre für einen Cappuccino und ein Croissant, ganz besonders an heißen Tagen. *Mo–Sa 7.30–17 Uhr | 38 Burg Street | Tel. 07 28 84 20 57 | Central | G4*

9 HOUSE OF MACHINES

Ist das ein Bikeshop, ein Pub oder ein Café? In jedem Fall eine großartige Mischung. Inspiriert von Kaffeeläden der US-Westküste, werden in frühindustriellem Charme leichte Speisen und hauseigener Kaffee angeboten, hinter einer Scheibe kannst du beobachten, wie kultige Motorräder montiert werden. *Mo–Fr 7–2, Sa ab 9 Uhr | 84 Shortmarket Street | Tel. 02 14 26 14 00 | thehouseofmachines.com | Central | G4*

10 MOUNT NELSON HOTEL ★

Auch King Charles würde es hier an nichts fehlen: Jeden Nachmittag feiert das Mount Nelson Hotel den High Tea mit Gurkensandwiches und einem immensen Kuchenbüfett (425 Rand/Pers.). Geladen sind nicht nur die Gäste des edlen Hotels. *Mi–So 12–14 und 15–17 Uhr | 76 Orange Street | Tel. 02 14 83 10 00 | Gardens | F6*

11 ORIGIN

Hier wird die Kaffeezubereitung als Kunstform zelebriert. Wem bei den unzähligen Sorten der Durchblick fehlt: In der angeschlossen Barista-Akademie kann man sich in die Geheimnisse der gehobenen Kaffeewelt einweihen lassen. Auch eine Rösterei gehört zum Café und es gibt über 100 Teesorten. *Mo–Fr 7–16, Sa 8–15, So 8–14 Uhr | 28 Hudson Street | Tel. 02 14 21 10 00 | originroasting.co.za | De Waterkant | G3*

INSIDER-TIPP Kaffeeprofi gesucht

Im Mount Nelson Hotel kannst du dich wie ein Royal fühlen

12 TRUTH COFFEE ROASTING

Über dieses Café berichteten schon die New York Times und der Daily Telegraph. Einzigartig macht es der Steampunk-Stil, der (moderne) Technik mit dem viktorianischen Zeitalter verknüpft – und in diesem Fall auch mit herrlich duftendem Kaffee. Bohnenliebhaber können sich bei einem Kaffee-Tasting (150 Rand p.P.) durch das Angebot kosten. *Mo–Sa 7–18, So 8–16 Uhr | 36 Buitenkant Street | Tel. 02 12 01 70 00 | truth.capetown | Central | G5*

RESTAURANTS €€€

13 AUBERGINE

Auf alten Kirchenbänken lässt man sich vom Sommelier durch die riesige Weinkarte führen, um dann aus der noch umfangreicheren Speisekarte ein vorzügliches Menü vom Meisterkoch (aus Deutschland) zu wählen. *Lunch Do/Fr 12–14, Dinner Mo–Sa 18–22 Uhr | 39 Barnet Street | Tel. 02 14 65 00 00 | aubergine.co.za | Gardens | G6*

14 AWARA

Die besten und authentischsten Currys der Stadt! Ockerfarbene Wände und schönes Teakholzmobiliar verströmen eine warme Atmosphäre. Hier fühlt man sich, als säße man mitten in Delhi – bloß entspannter. *Tgl. 11–22 Uhr | 33 Church Street | Tel. 02 14 24 00 00 | bukhara.com | Central | G4*

15 AZURE ★

Es gibt kaum einen schöneren Ort, um einen Sundowner und ein Dinner mit Blick aufs Meer zu genießen, als die Terrasse des Hotels *Twelve Apostles* in Camps Bay. Für ein authentisches Erlebnis probier doch die Fynbosmenüs, in denen die im Garten wachsenden Fynbospflanzen – Gewächse, die zum Großteil nur in der Kapregion vorkommen – verarbeitet sind. *Tgl. 7–10.30, 12.30–15.30, 18–22 Uhr | Twelve Apostles Hotel | Victoria Road | Tel. 02 14 37 90 29 | Camps Bay | a3*

16 GOLD RESTAURANT

Weniger Dinner als vielmehr ein Erlebnis: Bei einer 14-gängigen „Geschmack-Safari" kostest du dich quer durch den afrikanischen Kontinent. Dazu gibt es Live-Entertainment, von Marimbaklängen bis zum Puppenspiel aus Mali. Vor dem Dinner hat man die Option, mit den Djembe-Trommlern aus Westafrika mitzuspielen. *Tgl. 19–22, Trommeln ab 18.30 Uhr | 15 Bennett Street | Tel. 02 14 21 46 53 | goldrestaurant.co.za | Greenpoint | G3*

17 GRUB & VINE

Sein Handwerk erlernte Matt Manning in den Michelin-Sternerestaurants von London. Heute zählt der Brite zu den berühmtesten Köchen Südafrikas. In seinem ersten Restaurant zaubert „Chef Matt" hochwertige Mahlzeiten zwischen Kulinarik und Kunstwerk. Die Menüs variieren nach Jahreszeit und werden mit den dazu passenden Weinen serviert. Im urigen *The Blue Room* (s. S. 89) können Gäste an ausgewählten Tagen zu Live-Jazz ihren Lunch genießen oder Cocktails schlürfen. *Mo–Sa 12–21 Uhr | 103*

Bree Street | Tel. 08 71 53 52 44 | grubandvine.co.za | Central | 🗺 *G4*

18 HARBOUR HOUSE

Vom Ozean auf den Teller: In diesem exklusiven Restaurant inmitten der Waterfront isst man Fisch direkt im Hafen. Tagsüber schlürft man Austern und Weißwein auf dem Sonnendeck, abends übersiedelt man hinter die Panoramafenster in der unteren Etage. Ein Highlight sind die Cocktails, die u. a. mit Salbei, pinkem Pfeffer und Chilifäden garniert werden. *Tgl. 12–22 Uhr | Quay Four | Tel. 02 14 18 47 44 | harbourhouse.co.za | V & A Waterfront |* 🗺 *G2*

INSIDER-TIPP
Scharfe Sache

19 NOBU

Spitzenkoch Nobuyuki Matsuhisa verbindet in seinen Gerichten klassische japanische Küche mit südamerikanischen Zutaten. Besonders empfehlenswert ist der gebratene Sake-Weißfisch mit Jalapeño. *Tgl. 18–22 Uhr | One & Only Hotel | Dock Road | Tel. 02 14 31 58 88 | V & A Waterfront |* 🗺 *G2*

RESTAURANTS €€

20 ADDIS IN CAPE

Gemütliches Restaurant in einem viktorianischen Häuschen. Drinnen wird authentische äthiopische Küche serviert, die zu den besten ganz Afrikas gehört. Gegessen wird stilecht mit den Händen. Originell und sehr empfehlenswert! *Mo–Sa 12–22.30 Uhr | 168 Loop Street | Tel. 07 68 46 09 29 | addisincape.co.za | Central |* 🗺 *F5*

21 AIKO SUSHI

So spannend wie hier waren die Reisröllchen vermutlich noch nie. Wer behaupten will, afrikanisches Sushi gegessen zu haben, sollte die Option mit Biltong (Trockenfleisch) probieren. Sonst kannst du dich auch an einen Sushi-Burger, -Doughnut oder -Burrito heranwagen. All das neben traditionellem Maki, versteht sich. *Mo–Sa 11.30–22 Uhr | 4 Bree Street | Tel. 02 14 18 00 64 | aikosushi.co.za | Foreshore |* 🗺 *G3*

22 CARNE

Giorgio Nava gehört zu den bekanntesten Köchen Kapstadts, sein Restaurant ist eine Top-Adresse für Steaks. Für den großen Hunger: das berühmte 1,2-kg-T-Bone-Steak. Ein zweites *Carne* gibt's inzwischen auf der Kloof Street *(Nr. 153 | Gardens). Mo–Sa 18–23 Uhr | 70 Keerom Street | Tel. 02 14 24 34 60 | carne-sa.com | Central |* 🗺 *F5*

23 CATTLE BARON

Der „Rinderbaron" lässt die Herzen von Steakliebhabern höher schlagen. Seine Steakhouses sind längst auch über Kapstadt hinaus zur Institution geworden. Das saftige Fleisch genießt du am besten mit einem frisch gemixten Cocktail oder einem Glas Shiraz. Hier darf man sogar seinen eigenen Wein mitbringen; eine *corkage fee* wird nicht berechnet. Als Vorspeise solltest du die in heißer Knoblauchbutter servierten Schneckchen probieren. Die gehören hierzulande in jedem guten Steakhouse auf die Karte. *Tgl. 12–*

INSIDER-TIPP
Ungewöhnlich lecker

Nobus Ambiente reflektiert die Karte: japanische Linien, südamerikanische Farbpalette

22 Uhr | Chiappini Street | Tel. 02 14 18 02 30 | cattlebaron.co.za | De Waterkant | G3

24 FAT CACTUS

Guacamole, Tacos und Quesadillas: Wenn du Lust auf Mexikanisches hast, gibt's keine bessere Adresse in der Stadt. Seit über 20 Jahren begeistern diese Restaurants die Kapstädter mit authentischer und unkomplizierter Tex-Mex-Küche. Dazu gibt es mexikanisches Bier, Wein oder Cocktails. Gemütlich ist das Lokal in Gardens, weitere gibt's in Blouberg, Seapoint, Mowbray und Woodstock. *Tgl. 12–23 Uhr | 5 Park Road | Tel. 02 14 22 50 22 | fatcactus.co.za | Gardens | F5*

25 HUDSONS

In gemütlicher Atmosphäre isst man die besten Burger der Stadt. Und das von bodenständig bis experimentierfreudig (Stichwort Speckmarmelade). Veganer haben hier ebenfalls eine breite Auswahl, montags sogar zum halben Preis. Weitere Filialen gibt es u.a. in der Kloof Street, Muizenberg und Stellenbosch. *Tgl. 12–23.30 Uhr | Ecke Main/Upper Portswood Road | Tel. 02 14 33 14 96 | theburgerjoint.co.za | Greenpoint | F2*

26 ISTANBUL KEBAB CT

Little Istanbul am Kap: In diesem traditionellen türkischen Restaurant begrüßt dich der Chef noch persönlich und lädt zum Tee ein. Unten brummen die Taxis vorbei, während oben auf der Terrasse Bässe aus Istanbul pumpen. Daran angeschlossen ist ein kleiner Shop mit türkischen Spezialitäten. *So–Do 11–21, Fr/Sa 11–22 Uhr | Adelphi Centre, 277 Main Road | Tel. 02 10 01 85 05 | istanbulkebabct.co.za | Seapoint | D2*

27 LOVE THY NEIGHBOUR

Das gemütliche Restaurant im Stadtzentrum serviert Mittelmeerküche. Nach Halloumi mit gerösteten Oliven lässt man sich die köstlichen Souvlaki-Pitas schmecken. Vor allem abends sitzen die Gäste im Freien an langen Tischen unter Bäumen und kommen bei einem kühlen Cider ins Gespräch. Wer lieber unter sich bleibt, reserviert einen der wenigen Tische im Inneren. *Di–So 12–22 Uhr | 110 Bree Street | Tel. 02 14 22 27 70 | Central | G4*

INSIDER-TIPP
Romantisches Dinner?

28 LA PARADA

Gute Burger und spanische Hauptgerichte, aber dafür kommt man eigentlich nicht hierher. Die meisten Gäste kosten sich stattdessen quer durch das Tapas-Menü. Die Steakstreifchen und *patatas bravas* lässt man sich mit einem spanischen oder mexikanischen Bier schmecken. Auch beachtlich: Knapp 40 verschiedene Whisky-Sorten finden sich auf der Karte. *Tgl. 11–24 Uhr | V & A Waterfront | Tel. 06 07 88 09 16 | laparada.co.za | V & A Waterfront | G2*

29 MANNA EPICURE

Mischung aus französischer, südafrikanischer und argentinischer Küche – in belebender, ganz in Weiß gehaltener Innenarchitektur. Und zum Nachtisch gibt es eine Weltklasse-Crème-brûlée. *Tgl. 8–22 Uhr | Kloof Nek Road/Ecke Burnside Road | Tel. 02 14 26 24 13 | mannaepicure.com | Tamboerskloof | E6*

30 MARCO'S AFRICAN PLACE

Leckeres afrikanisches Essen, touristisch angehaucht: Auf der Karte stehen u. a. Straußen- und Krokodil-

Traditionell Belgisches mit Blick auf den Tafelberg – im Den Anker fleisch, dazu werden Zulutänze aufgeführt. Und nach dem Dessert kann es passieren, dass du von den Tänzerinnen zum Mitmachen aufgefordert wirst – ein großer Spaß, für den, der will! *Tgl. 12–23 Uhr | 15 Rose Street | Tel. 02 14 23 54 12 | marcosafricanplace.com | Bo-Kaap | G4*

31 MASSIMO'S

Massimo und Tracy sind über die Stadtgrenzen hinweg für ihre Pizza bekannt, dünner und raffinierter bekommt sie niemand hin, auf Wunsch auch glutenfrei. Sie haben das fröhlichste Personal der Stadt, die Atmosphäre ist sehr persönlich. *Mo–Do 16–21, Fr–So 12–21 Uhr | Oakhurst Farm Park, Main Road | Tel. 02 17 90 56 48 | massimos.co.za | Hout Bay | b3*

32 PIGALLE ★

Das Lieblingsrestaurant vieler Kapstädter. Die Älteren genießen nach einem delikaten Fischgericht (portugiesische Küche) einen Brandy, die Jüngeren gehen gerne zur Bar und später auf die Tanzfläche. *Mo–Fr 17–23, Sa auch 12–15 Uhr | 57a Somerset Road | Tel. 02 14 21 48 48 | pigalle.capetown | Green Point | G3*

RESTAURANTS €

33 BIESMIELLAH

Das Restaurant mit Plastikfolien über den Tischdecken und indischem Kitsch an den Wänden ist an einen Tante-Emma-Laden angeschlossen. Auf der Speisekarte stehen indische und kapmalaiische Delikatessen. Alkohol bekommt man in dem muslimischen Restaurant allerdings nicht. *Tgl. 10–22 Uhr | Pentz Street/Ecke Wale Street | Tel. 02 14 23 08 50 | biesmiellah.co.za | Bo-Kaap | F4*

34 CAFÉ ROUX

Dieses Café rockt! Tagsüber werden auf der Farm in Noordhoek u.a. leckere selbst gebackene Kuchen und frische Salate serviert. Während die Kinder auf dem Spielplatz klettern und toben, genießen die Eltern ein Glas Wein. Abends, wenn die Sonne am Noordhoek Beach versinkt, verwandelt sich das Café in eine Bühne. Fast täglich treten Bands oder Comedians auf. *Tgl. 8.30–17 Uhr | Noordhoek Farm Village | 270 Chapman's Peak Drive | Tel. 02 17 89 25 38 | caferoux.co.za | Noordhoek | b4*

35 MAI THAI SUSHI GARDENS

Das bestbesuchte asiatische Restaurant der Stadt: Ohne Reservierung geht hier gar nichts! Im Thai-Ambiente sehr zu empfehlen: Leckereien wie die Huhn-Kokos-Suppe. *Tgl. 12–21.30 Uhr | 12 Mill Street | Tel. 02 14 65 58 46 | Gardens | F6*

36 DEN ANKER ★

In dem Traditionsrestaurant haben Besucher dank Glaswänden einen Panoramablick auf die V & A Waterfront samt Tafelberg. Ein Blick in die Speisekarte verrät, woher die Besitzer stammen: Hier gibt's neben Fish & Chips mehr als 20 belgische Biere und belgische Waffeln. *Tgl. 10–22 Uhr | V & A Waterfront, neben African Trading Port | Tel. 02 14 19 02 49 | denanker.co.za | V & A Waterfront | G2*

Als Snack oder Vorspeise lecker: Samoosas

37 EASTERN FOOD BAZAAR ★

Von Bombay bis Bo-Kaap: Der *Eastern Food Bazaar* im Stadtzentrum bietet die ganze Palette der östlichen Küche. Vom afrikanischen Sommer geht es direkt in den dämmrigen Schein von Tausendundeiner Nacht. Unter den Kronleuchtern in den Korridoren erwartet dich eine andere Welt. An Ständen verkaufen Köche hier zu günstigen Preisen indische, türkische, kapmalaiische und tunesische Köstlichkeiten. Alle Gerichte gibt's auch als Take-away. *Mo–Do 10–21, Fr/Sa 10–21.30 Uhr | 96 Longmarket Street | easternfoodbazaar.co.za | Central | 🕮 G4*

38 GANESH

Kleines Hinterhofrestaurant mit afrikanischen Speisen. Die Küche steht im Zentrum, die Töpfe hängen an den Wänden. Unkonventionell und günstig. Am Abend treten afrikanische Sänger auf. *Mo–Sa 16–2 Uhr | 38 Trill Road/Ecke Lower Main Street | Tel. 0749532176 | cafeganesh.co.za | Observatory | 🕮 N7*

39 IDLANATHI

Essen, wo Nelson Mandela einst als politischer Häftling einsaß? Das ist tatsächlich möglich im Restaurant des Hochsicherheitsgefängnisses Pollsmoor. Idlanathi („Iss mit uns") ist für die Öffentlichkeit frei zugänglich und das krasse Gegenteil zu den noblen Restaurants im Umkreis. Nach einer Sicherheitskontrolle bekommst du von den Insassen Lunch serviert. Feine Tischdecken sucht man hier vergeblich, dafür schmeckt's, ist supergünstig – und ein Erlebnis! *Tgl. 7–13.30 Uhr | Pollsmoor Prison | Steenberg Road | Tel. 0217001270 | Tokai | 🕮 b3*

40 MESOPOTAMIA

Das erste kurdische Restaurant Südafrikas. Auf der Speisekarte stehen meist sehr scharfe orientalische Spezialitäten, gelegentlich treten hier auch Bauchtänzerinnen auf. *Tgl. 9–23.30 Uhr | 36 Burg Street | Tel. 0214244664 | mesopotamiarestaurant.com | Central | 🕮 G4*

41 SAIGON

Das einzige vietnamesische Restaurant der Stadt. Bei leckeren Asiagerichten liegt dir Kapstadt hinter der Glasfront zu Füßen. *Di–So 12–21, Sa bis 22.30 Uhr | Kloof Street/Ecke Camp Street | Tel. 0214247670 | Facebook: Saigon Cape Town | Gardens | 🕮 F6*

Unsere Empfehlung heute

Snacks & Vorspeisen

BILTONG
Luftgetrocknetes Rind- oder Wildfleisch

SAMOOSAS
Frittierte Teigtaschen, gefüllt mit Rinderhack, Hühnerfleisch oder Gemüse

GATSBY
Baguette gefüllt mit Fleisch, Salat und Pommes Frites

SPRINGBOCK-CARPACCIO
Südafrikanische Variante der italienischen Fleisch-Blättchen

Hauptgerichte

BOBOTIE
Kapmalaiische Spezialität, ein mit Curry gewürzter Auflauf aus Lammhackfleisch, gesüßt mit Rosinen oder Aprikosen

BOEREWORS & PAP
Gewürzte Mettbratwurst mit traditionellem Maisbrei

CRAYFISH
Hummerart, frisch am Kap gefangen

WATERBLOMMETJIE-BREDIE
Eintopf mit Fleisch, Gemüse und den Blüten einer seerosenähnlichen Wasserpflanze

BUNNY CHOW
Curry nach Durban-Art, im Brotlaib serviert

Desserts

KOEKSISTERS
Geflochtene Teigringe, nach dem Frittieren in Sirup getränkt

MELKTERT
Traditionelle Torte mit Pudding

Getränke

ROOIBOS TEA
Gesunder Tee, der nur am Kap wächst

PINOTAGE
Wein mit südafrikanischem Ursprung

BRANDY
Von lokalen Weingütern

SPRINGBOKKIE
Mix aus Pfefferminzlikör und Amarula, dem traditionellen Likör des Marula-Baums

SHOPPEN & STÖBERN

Wer in Kapstadt erst mal seine Lust am Shoppen entdeckt hat, wird sich am Urlaubsende in einem Koffergeschäft wiederfinden – auf der Suche nach Taschen für das frisch erstandene Übergepäck.

In der Stadt gibt es mehrere Bummelhochburgen. Auf vielen Marktplätzen werden Blumen und afrikanisches Handwerk angeboten. Die Läden sind voll von stilvollen Möbeln und Antiquitäten. Kommt man erst am Nachmittag zum Bummeln in die Innenstadt, muss man sich allerdings beeilen: Die meisten Geschäfte schließen bereits um

Shoppen neben Plastikpalmen in der Alfred Mall

17 Uhr, am Samstag sogar schon am frühen Nachmittag. Bis in den Abend haben dagegen die Shoppingmalls geöffnet. Auch hier stößt man gelegentlich auf ausgefallene, teils exzentrische Läden. Und dann hat man noch immer nicht alles gesehen: In den Orten an der False Bay gibt's eine Menge charmanter Antiquitätengeschäfte und schräger Lädchen, die leicht zum Großeinkauf verleiten. Die Preise sind etwas niedriger als in Deutschland, doch der Aufschwung macht sich auch in den Boutiquen bemerkbar. Immerhin: Die Mehrwertsteuer kann man sich am Flughafen erstatten lassen.

WO KAPSTADT SHOPPT

MARCO POLO HIGHLIGHTS

★ **CLARKE'S**
Beste Auswahl südafrikanischer Literatur
➤ S. 74

★ **GUGA S'THEBE**
Ein buntes Stück Township für zu Hause
➤ S. 78

★ **MALI SOUTH**
Sehr gute Adresse für afrikanische Mode
➤ S. 80

★ **MUIZENBERG BLUE BIRD GARAGE MARKET**
Eins der authentischsten Erlebnisse in Kapstadt ➤ S. 79

★ **CAROLINE'S FINE WINE CELLAR**
Erste Anlaufstelle für den Weineinkauf
➤ S. 81

Bosmansdam Road
Sanddrift
CENTURY CITY
Table Bay
CHINA TOWN
Klamotten von der Stange und blinkendes Plastik, aber allemal ein Erlebnis
Koeberg Road
Marine Drive
PAARDEN EILAND
MAITLAND
Voortrekker Road
Voortrekker Road
Berkley Road
Viking Way
OBSERVATORY
M5
Forest Drive
Station Road
Main Road
Guga S'thebe
MOWBRAY
M3
Klipfontein Road
RONDEBOSCH
ATHLONE
Milner Road
Jan Smuts Drive
M5
Palmyra Road
Keurboom Rd
Main Road
Chichester Road
Muizenberg Blue Bird Garage Market
CLAREMONT
Turf Hall Road
1 km
0.62 mi

WOHIN ZUERST?

Victoria & Alfred Waterfront (🕮 G–H 1–2): das Einkaufsparadies! Hier haben sich nicht nur internationale Konzerne (H&M, Lindt, Zara) niedergelassen; zwischen Palmen findest du auch afrikanische Läden, Restaurants und Kinos.

ANTIQUITÄTEN

1 ANTIQUE ARCADE

Fünf kleine Läden unter einem Dach: Neben Möbeln gibt es Porzellan, Kleidung und jede Menge charmanten Krimskrams. *Mo–Fr 9–16, Sa 9–14 Uhr | 127 Long Street | theantiquearcade.co.za | Central | 🕮 G4*

2 THE WHATNOT & CHINA TOWN

Eine schier unüberschaubare Auswahl an altem Porzellan, vergilbten Postkarten aus Kapstadt und historischen Schwarz-Weiß-Fotografien aus Hollywood. *Tgl. 10–16 Uhr | 70 Main Road | Kalk Bay | 🕮 b4*

BÜCHER

3 BOOK LOUNGE

Der historische Eckladen ist nicht bloß eine gut sortierte Buchhandlung. Regelmäßig stellen einige der besten Schriftsteller des Landes hier auch ihre Bücher vor – bei kostenlosem Wein und Snacks. Infos, wann der nächste Autor vorbeikommt, gibt's online. *Mo–Fr 9–18, Sa 9–16, So 10–16 Uhr | 71 Roeland Street | Tel. 02 14 62 24 25 | booklounge.co.za | Central | 🕮 G5*

4 CLARKE'S ★

Bezaubernder Buchladen, der bis zur Decke mit alten und neuen Büchern vollgestellt ist. Für alle, die sich näher mit Südafrika und seinen Nachbarländern beschäftigen wollen, eine Fundgrube. Fast jedes Buch, das über Politik und Geschichte des südlichen Afrikas geschrieben wurde, steht im Regal, auch die Biografien von Freiheitskämpfern wie Steve Biko oder Oliver Tambo. *Mo–Fr 9–17, Sa 9.30–13 Uhr | 199 Long Street | clarkesbooks.co.za | Central | 🕮 G5*

5 KALK BAY BOOKS

Man versinkt in den riesigen Sofas und kann entspannt schmökern. Gut sortierte Abteilung mit südafrikanischen Romanen international erfolgreicher Autoren wie J. M. Coetzee oder Nadine Gordimer. Auch die Newcomer der Literaturszene sind vertreten. *Tgl. 9–17 Uhr | The Orange Building, 62 Main Road | kalkbaybooks.co.za | Kalk Bay | 🕮 b4*

DELIKATESSEN

6 CHOCOLATE BY TOMES

Schokoliebhaber könnten hier schnell ihr ganzes Urlaubsbudget loswerden. Der exquisite Laden an der V & A Waterfront verarbeitet rohe Schokolade aus Afrika zu exotischen Pralinen, etwa mit Amarula- oder Kokos-Limetten-Geschmack. *Tgl. 9–21 Uhr | Shop 6198, V & A Waterfront | chocolatesbytomes.co.za | V & A Waterfront | 🕮 G1*

INSIDER-TIPP
Beste Schokolade der Stadt

Südafrikanisches Design im Überfluss: The Watershed am Hafen

7 DINKEL

Wer auch in seinem Urlaub nicht auf die geliebten Schrippen, Semmeln oder Brötchen verzichten kann: Hier gibt's deutsche Backwaren! Oder du bestellst dir ein Stück Blechkuchen im angeschlossenen Café. *Mo–Fr 8–17, Sa 8–13 Uhr | 91 Kloof Nek Road | dinkelbakery.co.za | Gardens |* *E6*

8 FOOD LOVERS MARKET

Kapstadts klare Nummer eins in Sachen frisches Obst und knackiges Gemüse! Für alle, die gerne selber kochen, gibt es hier von Butternut bis Papaya alles, was in eine südafrikanische Küche gehört. Wer sich gerne günstig bekochen lässt, bedient sich an der warmen Theke. *Mo–Fr 7–17 Uhr | 122 St George's Mall | Central |* *G4*

DESIGN

9 MONTEBELLO DESIGN CENTRE

Inmitten eines kleinen Wäldchens etwas außerhalb der Innenstadt liegt das Designzentrum: eine Oase, in der man Künstlern bei der Arbeit an Stahlskulpturen, an Diamantschmuck oder ausgefallenen Vasen zusehen kann. *Mo–Fr 9–17, Sa bis 16, So bis 15 Uhr | 31 Newlands Av. | montebello.co.za | Newlands |* *M11*

10 THE WATERSHED

Das Designerviertel am Hafen. Diese Halle an der V & A Waterfront beherbergt rund 150 Verkäufer, die Handwerk und Design von südafrikanischen Künstlern anbieten: von Schmuck und Kleidung über Schnitzereien und Gemälde bis zu Möbeln und Küchenutensilien. Regelmäßig auch Ausstellungen. *Tgl. 10–18 Uhr | 17 Dock Road | V & A Waterfront | 🕮 G2*

EINKAUFSZENTREN

11 CANAL WALK ☂

Eine riesige Einkaufsstadt im pseudovenezianischen Gewand. Hinter den auf alt getrimmten Mauern gibt es über 400 Läden, einen Fastfood-Park und ein großes Kino. *Tgl. 9–21 Uhr | Century Blvd. | Century City | canalwalk.co.za | Milnerton | 🕮 c2*

12 CAPE QUARTER

Das bevorzugte Einkaufszentrum der Coolen und Hippen in Kapstadt. Das spiegelt sich auch in den Geschäften wider: Besucher schlendern durch die Galerien und Shops, stärken sich in den Restaurants und genießen den Schatten im bepflanzten Innenhof. *Mo–Fr 9–18, Sa 9–16, So 10–14 Uhr | 27 Somerset Road | capequarter.co.za | Green Point | 🕮 G3*

13 CAVENDISH SQUARE

Außerhalb der Innenstadt für eine jüngere Zielgruppe. Neben den gängigen Marken gibt's auch Besonderes: Das *Young Designers Emporium* hat hier seinen Hauptsitz. Jungdesigner verkaufen bei YDE ihre ausgefallenen Entwürfe so erfolgreich, dass das Geschäft auch an die V & A Waterfront expandiert hat. *Mo–Sa 9–19, So 9–17 Uhr | 1 Dreyer Street | cavendish.co.za | Claremont | 🕮 b2–3*

14 VICTORIA & ALFRED WATERFRONT

Über das Viertel am Hafen verteilen sich mehrere Shoppingmalls, durch die jährlich 24 Mio. Menschen bum-

Riesige Auswahl für die ganze Familie im Victoria Wharf Centre meln. Von Diesel bis Mont Blanc sind hier viele internationale Marken vertreten. Außerdem Geschäfte südafrikanischer Modeketten, afrikanische Spielwaren- und Dekoläden sowie ein kleiner Wellness-Park. Nicht zuletzt kommen die Menschen wegen der Livemusik: Auf den Piers spielen alte Männer auf E-Gitarren aus Öldosen, im Amphitheater tanzen Inder in traditionellen Gewändern.

INSIDER-TIPP
Versteckte Läden

Besser du besuchst nicht nur die riesige *Victoria Wharf*, sondern auch die kleine, aber exklusivere *Alfred Mall, The Watershed* und den *African Trading Port*. *Tgl. 9–21 Uhr | waterfront.co.za | V & A Waterfront | G–H 1–2*

15 WEMBLEY SQUARE

Hier treffen Moderedakteurinnen und Fitnesslehrer beim Lunch aufeinander. In dem Center in Gardens sind sowohl Magazine wie „Elle" als auch ein Fitnessstudio untergebracht. Im Erdgeschoss gibt's Cafés, Boutiquen und Designläden. *Mo–Sa 8–17 Uhr | Solan Road/Ecke Wesley Street | wembleysquare.co.za | Gardens | G6*

GALERIEN

16 AVA GALLERY AND ART CENTER

In den Räumen der Association for Visual Arts (AVA) werden im Drei-Wochen-Turnus Arbeiten schon bekannter Künstler neben denen von Nachwuchstalenten ausgestellt. Die AVA-Galerie ist mit knapp 170 Jahren Südafrikas älteste Non-Profit-Galerie. Ihre Mission ist es, Südafrikas aufstrebende Kunsttalente zu entdecken und zu fördern. *Mo–Fr 10–17, Sa 10–13 Uhr | 35 Church Street | ava.co.za | Central | G4*

17 BLANK PROJECTS

Das Viertel Woodstock, angesiedelt zwischen Ramsch und urbanem Leben, wird immer mehr von der Kreativszene erobert. So verschlug es auch diese kleine, ausgewählte Galerie in den aufstrebenden Bezirk. Hier triffst du auf Mitglieder der lokalen Kunstszene. Auch diese Non-Profit-Galerie bietet jungen Künstlern eine Plattform. *Mo–Fr 10–17, Sa 10–13 Uhr und auf Anfrage | 10 Lewin Street | Tel. 02 14 62 42 76 | blankprojects.com | Woodstock | J5*

18 GOODMAN GALLERY

Die Galerie, untergebracht in einem ehemaligen Kloster, ist eine der führenden Kapstadts. Hier findest du Arbeiten von etablierten und aufstrebenden südafrikanischen Künstlern. *Di–Fr 9–17, Sa 9–16 Uhr | 37A Somerset Road | goodman-gallery.com | Greenpoint | G3*

19 STEVENSON GALLERY

Die derzeit wohl beste Galerie für zeitgenössische Kunst in Kapstadt. Hier stellen regelmäßig einige der besten Kreativen Kapstadts aus. Stevenson ist auch in Johannesburg, den USA und Europa aktiv. *Mo–Fr 9–17, Sa 10–13 Uhr | 160 Sir Lowry Road | Tel. 02 14 62 15 00 | stevenson.info | Woodstock | J5*

Im Kulturzentrum Guga S'thebe shoppst du für die gute Sache

KUNSTHANDWERK

20 GUGA S'THEBE ★

Guga S'thebe bedeutet „Teller, der die ganze Familie versorgt". Das kunstvoll gestaltete Gemeinde- und Kulturzentrum von Langa bietet Township-Bewohnern die Chance, sich fortzubilden und handwerkliche Fähigkeiten zu erlernen. Hier kannst du Bilder lokaler Künstler ansehen und neben bunten Tassen und Teppichen auch Schmuck aus dem Township kaufen. Unterstütz die Familien und bitte einen Fremdenführer, dich hierher zu begleiten. *Mo–Fr 8–16.30, Sa/So 8.30–14 Uhr | Washington Street | Langa | c2*

21 ORIGINAL T-BAG DESIGNS

„Wo Tee ist, ist auch Hoffnung" – unter diesem Motto werden in der Manufaktur alte, getrocknete Teebeutel bemalt. Später werden daraus etwa Handtaschen oder Teelichthalter gefertigt. Die Künstler stammen aus dem Township Imizamo Yethu. *Mo–Fr 9–16.30 Uhr |144 Main Road | Klein Kronendal (2. Filiale im V & A Waterfront Watershed | G2) | Tel. 02 17 90 08 87 | tbagdesigns.co.za | Hout Bay | a3*

22 STREETWIRES

Vom Schlüsselanhänger bis zum Kaffeetisch ist hier alles aus Draht. Die Preise dafür sind niedriger als etwa in der V & A Waterfront. *Streetwires* ist ein Sozialprojekt und beschäftigt Menschen, die zuvor arbeitslos waren. *Mo–Fr 8–15, Sa 8–13 Uhr | Maxton Centre (1. Stock) | 354 Albert Road | Woodstock | M5*

MÄRKTE

23 BAY HARBOUR MARKET

Elsässer Flammkuchen, tunesisches Kebab oder doch belgische Schokolade? Der Markt im Hafen von Hout Bay gilt als Geheimtipp der Kapstädter Gourmets. Hier wird das Essen frisch zubereitet, dazu gibt es Smoothies, selbst gebrautes Bier oder Wein. Am besten du kommst früh, bevor der Markt überlaufen ist und es keine Parkplätze mehr gibt. *Fr 17–21, Sa/So 9.30–16 Uhr | 31 Harbour Road | bayharbour.co.za | Hout Bay | a3*

24 FLOWER MARKET

Ein Blumenmeer in der Innenstadt: Seit hundert Jahren konkurrieren rote Rosen mit weißen Lilien und einheimischen Blumen wie der Protea. Eine bunte, duftende Institution in Kapstadt. *Tgl. 6–18 Uhr | Trafalgar Place | Adderley Street | Central | G4*

25 MILNERTON FLEA MARKET

Trödlertraum vor zauberhafter Atlantik- und Tafelbergkulisse: Art-déco-Stücke, alte Magazine mit Sammlerwert, antiker Schmuck, Münzen aus ganz Afrika und jede Menge Krimskrams, den kein Mensch braucht. Von der Innenstadt aus fährt man hierher ca. 20 Minuten. *Sa/So 8–15 Uhr | an der R27 Richtung Milnerton | Milnerton | O1*

26 MUIZENBERG BLUE BIRD GARAGE MARKET ★

Vor dem Wochenende treffen sich die Bewohner des Surferparadieses Muizenberg in einem alten Speicher. Künstler verkaufen hier ihre Waren, dazu gibt es eine Spielecke für Kinder (20 Rand), gesundes Essen, eine Bar mit Gin-Cocktails und Livemusik von jungen Singer-Songwritern. Absolut großartig! *Do/Fr 16–22 Uhr | Albertyn Road/Ecke Milner Road | bluebird garage.co.za | Muizenberg | b4*

27 NEIGHBOURGOODS MARKET

Öko ist Trend – auch in Kapstadt. Aber das ist nur ein Grund, warum der Samstagsmarkt auf dem ehemaligen Industriegelände den Charakter eines Straßenfests hat. Denn zwischen all den Öko-Spezialitäten und handgemachten Pestos geht's hier vor allem um eins: in der Sonne sitzen und einen Drink mit ein paar Austern schlürfen. Auch unter der Woche kann man zum Shoppen kommen: In der ehemaligen Mühle sind Boutiquen und Galerien untergebracht, mitten in einem sozial benachteiligten Viertel, in dem sich langsam die Kapstädter Boheme ausbreitet. *Sa 9–15, So 10–16 Uhr | Old Biscuit Mill | 373 Albert Road | neighbour goodsmarket.co.za | Woodstock | M5*

28 ROOT 44 MARKET

Auf dem beliebten Familienmarkt trifft sich am Wochenende die Mittelschicht aus Kapstadt und den Weinbauorten rund um Stellenbosch. Es gibt Selbstgemachtes aus der Region, ob stilvolle Holzmöbel, Honig oder

Südafrikas berühmte Leder-Feldschuhe, Veldskoene genannt. Nicht zur vergessen: der Wein von der Farm Audacia. Davon nimmt man sich am besten eine Flasche, setzt sich in den Schatten und kostet bei Livemusik die Palette an frisch zubereiteten Köstlichkeiten durch. Für Kinder gibt's eine Spielelandschaft inkl. Minigolf und Kletterwand. *Sa/So 9–17 Uhr | Weinfarm Audacia | an der R44 | root44.co.za | Stellenbosch | U18*

MODE

29 ACCESS PARK

Eine gute Adresse für markenbewusste Sparer ist der Access Park: Nike, Puma, Guess und viele weitere Sport- und Modemarken verkaufen ihre Kollektionen im Outlet-Park an der M 5 zu günstigen Preisen. *Mo–Fr 9–17, Sa 9–15, So 10–14 Uhr | 81 Chichester Road | accessparkkenilworth.co.za | Kenilworth | b3*

30 CHINA TOWN

Gut, von Mode kann man hier nicht sprechen. Aber immerhin von Klamotten. Und das günstig und massenhaft. Wer keine Exklusivität sucht, aber immer schon das Kleine Schwarze zum Spottpreis haben wollte, ist hier richtig.

INSIDER-TIPP
Reise-Krimskrams

Auch wenn du noch Kopfhörer, ein Kissen oder einen Koffer fürs Übergepäck für die Heimreise suchst, bist du hier bestens aufgehoben. Daneben gibt es in den vielen kleinen Läden der chinesischen Einwanderer so gut wie alles, vom Plastikweihnachtsbaum bis zum Handyladegerät. Ein Erlebnis! *Tgl. 9–17 Uhr | Sable Square | Bosmansdam Road/Ecke Ratanga Road | chinatownsa.co.za | Milnerton | c2*

31 MALI SOUTH ★

Kitschig oder stilvoll? Auf beides wirst du hier treffen, denn was afrikanische Mode angeht, gibt es in Kapstadt keine bessere Adresse. Der Besitzer, Meiga Abdullah, wurde in Mali geboren und verkauft Traditionelles und Modernes vom ganzen Kontinent. Maßänderungen nimmt der Schneidermeister gleich vor Ort vor. *Tgl. 8–18 Uhr | 90 Long Street | Central | G4*

32 WOODHEADS

Leder – und das nicht nur in allen Farben und Formen, sondern darüber hinaus seit mehr als 100 Jahren. Der Fabrikladen in der City beliefert Kapstadt seit 1867 mit Tierhäuten. Diese kannst du hier handgefertigt als Laptoptasche, Sandalen oder Hut erwerben. Tradition haben auch die Karu-Pantoffeln aus Schaffell – ideal für den Winter zu Hause. Wer sich seinen Gürtel o. Ä. gern selbst bastelt, findet hier neben exotischem Leder auch das passende Zubehör. *Mo–Fr 8–16, Sa 8.30–13 Uhr | 29 Caledon Street | woodheads.co.za | Central | H5*

SCHMUCK

33 ICE JEWELLERS

Ein unscheinbarer Laden in Hout Bay, doch Chefjuwelier Andrew Oliver nimmt sich Zeit, um individuelle Entwürfe zu erschwinglichen Preisen anzubieten. Heiratswillige sollten beim

Herrn der Ringe unbedingt vorbeischauen. *Mo–Fr 9–17, Sa 9–14 Uhr | Shop C11, Mainstream Shopping Centre | Main Road/Ecke Princess Street | icejewellers.com | Hout Bay | ◫ a3*

34 JEWEL AFRICA

Hier kann man nicht nur Schmuck kaufen, sondern den Schmuckmachern auch über die Schulter schauen bei Gratis-Touren in die Goldkettenproduktion und die Diamantschleiferei. Abholung auf Wunsch. *Mo–Fr 9.30–17 Uhr | Sovereign Quay | 34 Somerset Road | Tel. 08 23 23 73 93 | jewelafrica.com | Greenpoint | ◫ G3*

35 OLIVE GREEN CAT

Acryl – egal ob als Fassung für Diamanten oder als breiter Armreif mit graviertem Muster – ist das Lieblingsmaterial der Schmuckdesignerinnen Philippa Green und Ida Elsje, die ihre außergewöhnlichen Stücke hier anbieten. *Mo–Fr 9–17 Uhr | 76 Church Street | Central | ◫ G4*

WEIN

36 CAROLINE'S FINE WINE CELLAR ★

Die Auswahl an Kapweinen und *Cap Classique*, der südafrikanischen Antwort auf Champagner, ist überwältigend. Auf Wunsch wird der Einkauf auch verschifft. *Mo–Fr 9.30–18, Sa bis 13 Uhr | 33 Regent Road | carolines wine.com | Seapoint | ◫ C4*

37 CELLAR CLUB

Hier findest du all die Weine, die nicht im Supermarktregal oder auf dem

Edle Tropfen in Caroline's Fine Wine Cellar

Restaurantmenü stehen. Nettes Shopping-Erlebnis: Die Tropfen aus dem Westkap kann man vor dem Kauf durchprobieren. *Tgl. 9–19 Uhr | Clock Tower Mall | cellarclub.co.za | V & A Waterfront | ◫ G2*

38 KWV WINE EMPORIUM

Hinter dieser unscheinbaren Fassade in einer Seitenstraße von Paarl versteckt sich ein Paradies für Weinliebhaber. Denn die Weine, Brandys, Liköre, Gins und Schnäpse kannst du hier vor dem Kauf verkosten. Die Kooperatieve Wijnbouwers Vereniging, kurz KWV, wurde vor über hundert Jahren gegründet und vereint heute einige der renommiertesten Spirituosenmarken des Landes unter einem Dach. Entsprechend groß ist das Angebot. *Mo–Fr 9–17, Sa 9–16, So 9–14 Uhr | Kohler Street | kwv.co.za | Paarl | ◫ U17*

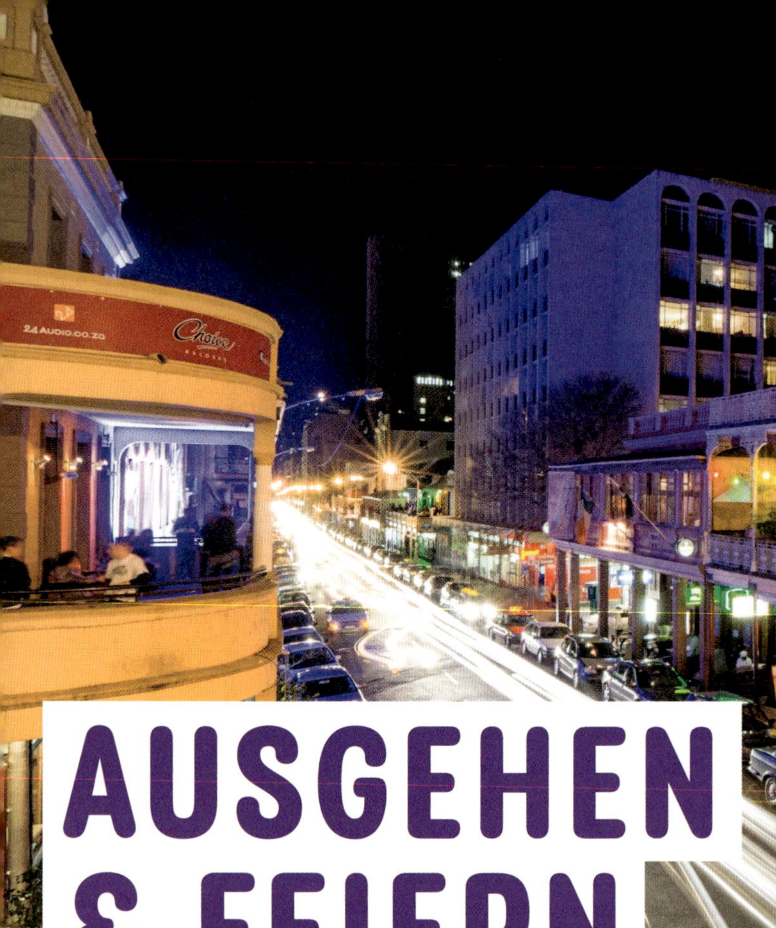

AUSGEHEN & FEIERN

Sobald die Sonne im Atlantik versunken ist, erwacht das Nightlife: Das Zentrum des Kapstädter Nachtlebens sind die lebhafte Long Street und die immer beliebter werdende Bree Street. Dort öffnen angesagte Kneipen und Clubs ihre Türen, die sie erst morgens gegen 4 Uhr wieder schließen.

Die spektakulärsten Abende sind derzeit die jeweils ersten Donnerstage des Monats. Dann haben die Galerien auch am Abend geöffnet *(first-thursdays.co.za)* und häufig gibt's dann gratis ein Glas Wein. An der Promenade von Camps Bay drängt das Partyvolk, das

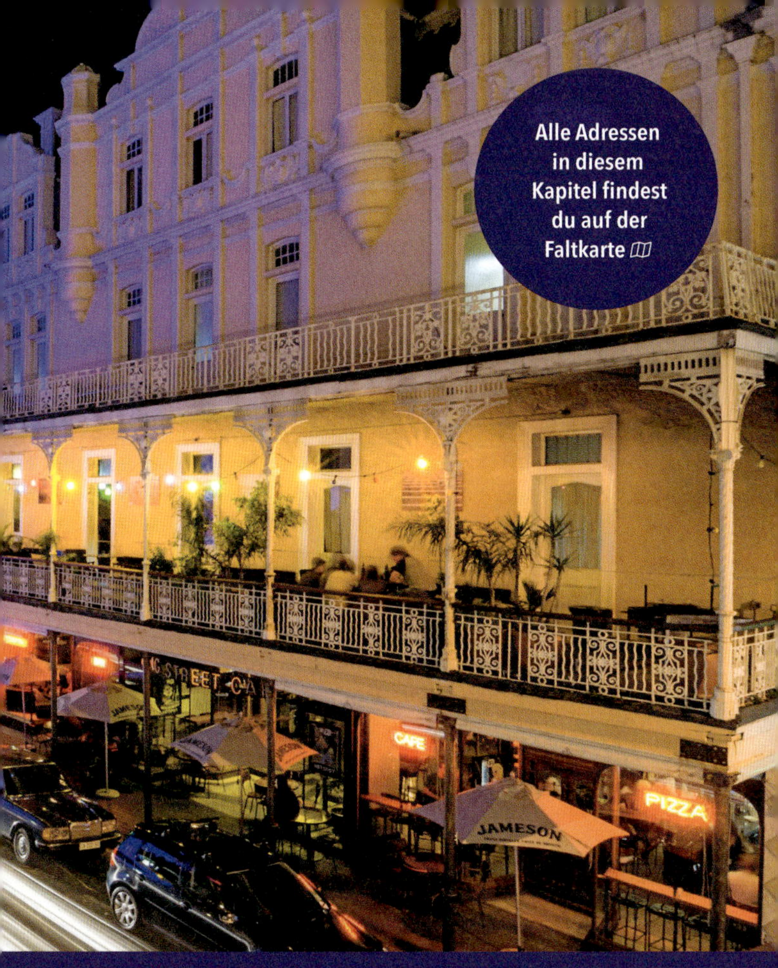

Die Long Street ist einer der Hotspots des Nachtlebens

auch gerne abends noch Sonnenbrille zum Louis-Vuitton-Täschchen trägt, in die Bars und Clubs. Und im Studentenviertel Observatory wird die Musik in den Billardcafés der Lower Main Road so laut aufgedreht, dass sie die ganze Straße beschallt. Wer auf einen stilvollen Abend bei einem Glas Wein Wert legt, muss ebenfalls nicht an der Hotelbar bleiben. Viele Locations besitzen kleine Bühnen, auf denen Livemusik von afrikanischem Jazz bis Reggae gespielt wird. Wem der Sinn nach Hochkultur steht, der ist in den großen Theatern wie dem *Artscape* gut aufgehoben.

WO KAPSTADT AUSGEHT

KLOOF STREET

In den Straßencafés herrscht entspannte Atmosphäre

CAMPS BAY

Im Villenviertel schlürft man seine Cocktails in exklusiven Clubs

THREE ANCHOR BAY
Main Road
Beach Road
ATLANTIC OCEAN
SEA POINT
Signal Hill
Regent Road
Kloof Road
FRESNAYE
BANTRY BAY
Kloof Nek Road
CLIFTON
The Bungalow
Victoria Road
Kloof Road
Camps Bay
CAMPS BAY
Camps Bay Drive
Theatre on the Bay
Table Mountain National Park
500 m
547 yrd

WATERKANT

Die Bars in Kapstadts Gay-Viertel sind offen für alle – und beliebt

BREE STREET

Nach einer Tour durch die Galerien wird hier ausgiebig gefeiert

LONG STREET

Partymeile mit historischen Häuschen

MARCO POLO HIGHLIGHTS

★ **THE BUNGALOW**
Hier stößt man mit einem Cocktail auf den Sonnenuntergang an ➤ S. 86

★ **SKY BAR**
Cocktails auf dem Dach des Hotels Grand Daddy auf der Long Street ➤ S. 86

★ **PUBLIK**
Kapstadts Geheimtipp für Weinliebhaber ➤ S. 86

★ **CABO BEACH CLUB**
Ein Stück Karibik in Kapstadt ➤ S. 88

★ **THEATRE ON THE BAY**
Hier trifft Broadway auf Lokalbühne ➤ S. 89

★ **LABIA**
Das älteste Kino Kapstadts – und das schönste ➤ S. 89

WOHIN ZUERST?

Long Street *(🕮 F–H 3–5)*: Das Zentrum des Kapstädter Nachtlebens ist die lebhafte Long Street. Parkplätze findest du in der Loop Street, die parallel verläuft. Auch in der Kloof Street, in die die Long Street am südlichen Ende übergeht, sind eher Parkplätze verfügbar. Erkundige dich bei den Car Guards, wo es Parklücken gibt. Studenten und Traveller treffen sich eher im alternativ angehauchten Stadtviertel **Observatory** rund um die Lower Main Road. Und wer gern einen gepflegten Cocktail trinkt, nimmt den am besten im **Cape Quarter** in De Waterkant ein.

BARS & KNEIPEN

1 ASOKA SON OF DHARMA

Im Zentrum der Bar wächst ein alter Baum, der umgeben ist von edlen Holztischen und gemütlichen Polstern. *Tgl. 18–2 Uhr | 68 Kloof Street | Tel. 02 14 22 09 09 | asoka.za.com | Gardens | 🕮 F6*

2 THE BUNGALOW ★

Zwischen den Sonnenschirmen und dem Meer liegt nur eine Wiese, auf der die Paraglider vom Lion's Head landen. Von hier hat man einen Traumblick auf den Sonnenuntergang. Danach kannst du auf die Tanzfläche wechseln, besonders heiß wird's sonntags. *Tgl. ab 12 Uhr | Glen Country Club | 3 Victoria Road | Tel. 02 14 38 20 18 | thebungalow.co.za | Clifton | 🕮 A7*

3 THE POWER AND THE GLORY

Die Bar für Hipster und Kreative, gefertigt aus schwerem Mahagoni, würde auch gut nach Berlin passen: ein wenig zu düster, ein wenig zu voll. Ein Ort, um lange Nächte zu starten – und guten Kaffee am nächsten Morgen zu trinken. *Mo–Sa ab 7 Uhr | 13d Kloof Nek Road | Tamboerskloof | 🕮 E5*

4 PUBLIK ★

Ein Mekka für Weinliebhaber: In dieser Weinbar kannst du nicht nur die exklusivsten Tropfen des Westkaps verkosten, du stößt auch auf die eine oder andere Überraschung von kleineren Farmen. Der Fokus liegt auf Bio-Weinen. *Mo–Fr 16–23, Sa 15–18 Uhr | 11d Kloof Nek Road | publik.co.za | Tamboerskloof | 🕮 F5*

5 SKY BAR ★

Die Bar ist eine Reminiszenz an die Disko-Ära der 80er-Jahre: weiße Ledersessel, goldene Tapeten. Und die Wände in den Toiletten sind beklebt mit Spiegelplättchen von Diskokugeln. Wem das zu oldschool ist, der nimmt den Fahrstuhl des Hotels *Grand Daddy* und fährt einfach bis ganz nach oben. In der *Sky Bar* gibt's sommerliche Cocktails bei ungewöhnlicher Kulisse: Neben Kapstadts Skyline bist du hier von alten Airstream-Wohnanhängern umgeben, in denen Hotelgäste logieren (s. S. 99). *Sky Bar*

INSIDER-TIPP
Drinks unter Sternen

Zum Feiern und Tanzen finden sich in Kapstadt viele Clubs und Diskos

tgl. 14–21 Uhr (Hotelbar auf Anfrage) | Grand Daddy Hotel | 38 Long Street | Tel. 02 12 07 88 88 | Central | G4

6 STONES

Billardkneipe mit lauter Musik und Kickertischen im 1. Stock. Wer nicht spielt, sitzt auf dem Balkon und trinkt Bier aus Flaschen. Die Filiale auf der Long Street ist eine identische Kopie. *Tgl. ab 13 Uhr | 84 Lower Main Road | Tel. 02 14 48 94 61 | stones.co.za | Observatory | N7*

7 TJING TJING

Wer auf der stylischen Dachterrasse steht, fühlt sich wie in New York. Die Architekten haben die Tradition des 200 Jahre alten Gebäudes mit urbaner Atmosphäre verbunden. Die Cocktails gehören zu den besten der Stadt. *Di–Sa ab 16 Uhr | 165 Longmarket Street | Tel. 02 14 22 49 20 | tjingtjing.co.za | Central | G4*

8 THE VILLAGE IDIOT

Farmhaus oder Boheme-Lokal? Der „Dorftrottel" mit ausgestopftem Strauß an der Bar ist ein bisschen was von beidem. Außerdem kannst du bei Burger und Bier auf der Veranda sitzen und von oben gemütlich das Kapstädter Treiben beobachten. Happy Hour ist von 18 bis 20 Uhr – der Strauß heißt übrigens Oskar. *Mi–Sa ab 18 Uhr | 32 Loop Street | Tel. 02 14 18 15 48 | thefirmct.co.za/the-village-idiot | Central | G4*

CLUBS & DISKOTHEKEN

9 ARCADE

Wo die angesagtesten DJs der Stadt auflegen und die Margaritas nie ausgehen. Hier, in der vornehmeren Partymeile der Stadt, treffen sich die jungen und junggebliebenen Kapstädter, um sich auf eine lange Nacht vorzubereiten. *Do–Sa ab 20 Uhr | 152 Bree Street | Tel. 06 08 61 05 11 | arcadect.com | Central | F4*

10 CABO BEACH CLUB ★

Eine der schicksten Party-Locations an der Victoria & Alfred Waterfront. Mittags steckt man die Zehen in den Sand und schlürft einen Cocktail am Pool mit Meerblick, bevor abends lokale DJs auflegen. Stylishe Kleidung und eine dicke Brieftasche gehören dazu. *Tgl. ab 12 Uhr | South Arm Road | cabobeachclub.co.za | V & A Waterfront | H1*

11 ZSA ZSA

Hier brennt ein Glas Whiskey, dort schwingt sich eine Schönheit durch einen Reifen und von irgendwoher dringen die Bässe des DJs an deine Ohren. Das Erlebnis-Restaurant setzt auf Themenabende und extravagante Live-Performances. In Turnschuhen und T-Shirt solltest du allerdings nicht erscheinen. *Mi–Sa ab 18 Uhr | 101 Hout Street | Central | G4*

KABARETT & COMEDY

12 ARMCHAIR THEATRE

Dieses Kleinbühnen-Restaurant ist die versteckte Kreativ-Schatztruhe im Ausgehviertel der Kapstädter Studenten. Nachdem der berühmte *Cape Co-*

Rund um die Victoria Wharf gibt's Clubs, Comedy und Kino

medy Club die Covidpandemie nicht überlebt hatte, trat das Armchair die inoffizielle Nachfolge an: Jeden Mittwoch und Sonntag treten lokale Stand-up-Comedians auf. An anderen Tagen gibt's Livemusik und Karaoke. *Mi–Mo 12–2 Uhr | 135 Lower Main Road | Tel. 0739024976 | ourarm chair.co.za | Observatory | N7*

13 EVITA SE PERRON

Nirgends ist der Geschichtsunterricht so humorvoll wie bei Pieter-Dirk Uys in Darling (70 km nördlich von Kapstadt). Der Travestiekünstler war dem Apartheidsregime ein Dorn im Auge, weil er die Lächerlichkeit der Rassentrennung aufzeigte. Heute noch sind seine Auftritte voll von Kritik – ob sie von Uys selbst oder seinem weiblichen Alter Ego „Evita Bezuidenhout" kommen. Regelmäßig tritt Uys auch in Kapstadt auf. *Old Darling Station | 8 Arcadia Street | Tel. 0224922101 | evita.co.za | Darling | U17*

14 THEATRE ON THE BAY ★

Nahe am Strand von Camps Bay steht das kleine Theater von Pieter Toerien, einer Legende der südafrikanischen Theaterszene. Hier adaptiert er fantasievoll Broadway-Produktionen wie *Hair* für seine charmante, kleine Bühne. Auch Comedy und Tanz. *1a Link Street | Tel. 0214383301 | theatreon thebay.co.za | Camps Bay | B9*

KINOS

15 LABIA ★

Das älteste und schönste Kino Kapstadts. In dem ehemaligen Theater aus den 1940er-Jahren laufen Independent-Filme. An den Wochentagen gibt es verschiedene Kino-Dinner-Specials in den umliegenden Bistros: z. B. montags zwei Burger und zwei Eintrittskarten für 200 Rand. Um die Ecke, im *Lifestyle-Centre (Kloof Street)*, hat das *Labia* weitere Säle. *68 Orange Street | Tel. 0214245927 | thelabia.co.za | Gardens | F5*

INSIDER-TIPP
Film-Dinner

16 STER-KINEKOR

Nach einem Shopping-Tag in den Malls der Victoria & Alfred Waterfront noch an die Bar oder gleich ins Kino? Im oberen Stockwerk des *Victoria Wharf Shopping Centre* liegt das *Ster-Kinekor*, das neben großen Hollywoodproduktionen auch lokale Filme zeigt. *Dock Road | sterkinekor.com | V & A Waterfront | G1*

MUSIK

17 THE BLUE ROOM

Der Club entstand aus der Zusammenarbeit eines Spitzenkochs und eines südafrikanischen Jazzmusikers. Entsprechend wird hier beides gefeiert: die Musik in Form von Liveauftritten lokaler Blues- und Jazzbands, die Kulinarik in Form von einem mehrgängigen Menü und Tapas. Dazu schlürft man ausgefallene Cocktails. *Di–Sa 16–22, Auftritte ab 19 Uhr | 103 Bree Street | Tel. 0871535244 | grub andvine.co.za | Central | G4*

18 CITY HALL

Das 100 Jahre alte Rathaus ist heute oft Spielort des Kapstädter Symphonieorchesters. Zum renommierten *International Summer Music Festival* im November reisen auch Künstler aus aller Welt an. Daneben spielt das Orchester auch regelmäßig im benachbarten *Artscape Opera House (artscape.co.za). Darling Street | Tel. 02 10 01 00 93 | cpo.org.za | Central | 🕮 G5*

19 MAMA AFRICA

Neben interessierten Touristen kommen auch die Kapstädter Musikfans hierher, um die großartigen afrikanischen Bands zu sehen und natürlich zu hören. Besser du reservierst rechtzeitig deinen Platz! *Tgl. ab 12 Uhr | 178 Long Street | Tel. 02 14 26 10 17 | mamaafricacpt.com | Central | 🕮 G5*

20 THE PIANO BAR

Jazz, R&B, Soul – dazu gibt's Tapas. Wer Musik gern stilvoll genießt, ist in dieser etwas altbackenen, aber dafür äußerst charmanten Bar genau richtig. Besser wirfst du vorher einen Blick ins Programm, denn die Genres der Liveauftritte sind so vielfältig wie das Publikum aus Locals und Touristen. *Di–Sa 15–22.30 Uhr | 47 Napier Street | Tel. 02 10 07 52 12 | thepianobar.co.za | De Waterkant | 🕮 G3*

21 WAITING ROOM

In dem Club legen einige der besten DJs der Stadt auf. Außerdem gibt es Themenpartys (z. B. Mamma Mia!). Wer genug getanzt hat, lässt sich ein Bier auf dem Balkon schmecken. *Geöffnet für Events | 273 Long Street | Tel. 08 24 25 77 32 | @waitingroom.ct | Central | 🕮 F5*

SZENELOKALE

22 BEEFCAKES

Skurriles Lokal mit Showwert, das nicht nur in der Schwulenszene eine echte Institution ist. Bei den schrillen Dragshows (Mi) und zum Brüllen komischen Veranstaltungen wie *Bitchy Bingo* (Di) ist der Laden stets prall gefüllt. *Di–Sa ab 17 Uhr | Sovereign Quay | 34 Somerset Road | Tel. 02 14 25 90 19 | beefcakes.co.za | Green Point | 🕮 G3*

23 CAFÉ CAPRICE

Hier treffen auf weißen Polstern die Wichtigen und Schönen auf diejenigen, die gern wichtiger und schöner wären. *Di–So ab 9, Mo ab 12 Uhr | 37 Victoria Road | Tel. 02 14 38 83 15 | cafecaprice.co.za | Camps Bay | 🕮 B8*

24 CAFÉ MANHATTAN

Schwulenbar unter Palmen: Im Sommer ist es auf der Terrasse genauso voll wie drinnen, und die House-Musik beschallt die ganze Straße. *Mo–Fr 15–22, Sa/So 12–22 Uhr | 74 Waterkant Street | Tel. 02 14 21 66 66 | manhattan.co.za | De Waterkant | 🕮 G3*

25 CLARKE'S

Der Anlaufpunkt No. 1 für Hipster im New York Style – außerdem für Burgerfans und alle mit einer Vorliebe für gehobene Cocktails. An warmen Tagen chillen die zahlreichen Gäste mit ihren Getränken auch vor dem Eingang. *Mo 7–16, Di–Fr 7–22, Sa 8–22, So 8–15 Uhr | 133 Bree Street | Tel. 08 74 70 01 65 | clarkesdining.co.za | Central | 🕮 G4*

Im beschwingten Café Caprice beginnt für viele der Abend

26 DIZZY'S

Wer selbst singen möchte, sollte ins *Dizzy's* nach Camps Bay fahren. Die Bar ist berühmt für ihre unterhaltsamen Karaoke-Abende. Hier mischen sich Studis, Touris und Kapstädter Lebenskünstler. Und gute Pizza gibt's noch dazu. *Di–So ab 12 Uhr | The Drive | Tel. 02 14 38 26 86 | dizzys.co.za | Camps Bay | B9*

THEATER

Für die meisten Aufführungen kannst du die Karten bei *Computicket (computicket.com)* kaufen. Dort bekommest du auch Auskunft über die laufenden Produktionen. Bezahlt wird mit Kreditkarte, die Karten könnn direkt ausgedruckt werden. Oder du reservierst die Tickets online, um sie später im Supermarkt *(Shoprite, Checkers, Computicket, OK Foods)* abzuholen und bar zu bezahlen.

27 ARTSCAPE

Die „West Side Story", „Schwanensee" oder doch ein Konzert des Cape Town Philharmonic Orchestra? Das *Artscape* deckt die komplette kulturelle Spannbreite ab. Aber wunder dich nicht, wenn du auf Kapstädter in Shorts und T-Shirt triffst. Denn trotz ausgezeichneter Performance lautet die Devise auch hier: Easy Going. In der Pause kannst du dich an der hauseigenen Bar erfrischen oder den Moderatoren des *Fine Music Radio* über die Schultern schauen – sie moderieren von hier aus live im Glaskasten. *DF Malan Street | Tel. 02 14 10 98 00 | artscape.co.za | Foreshore | H4*

AKTIV & ENTSPANNT

Schwimmen im öffentlich zugänglichen Pool von Sea Point

SPORT, SPASS & WELLNESS

GOLF

Südafrika ist Golf-Land und Kapstadt seine Hauptstadt. Im *Steenberg Golf Estate (Tokai Road | Tokai | Tel. 02 17 13 22 33 | steenberggolfclub.co.za)* warten 18 Löcher darauf, von Profis bespielt zu werden. Wer den großen Schlag erst noch üben möchte, besucht das *Momentum Golf Village (Carl Cronje Dr. | Durbanville | Tel. 02 19 48 56 73 | thegolfvillage.co.za)* in den nördlichen Vororten. Dort liegt auch der beeindruckendste Minigolfplatz der ganzen Stadt: 27 Bahnen in einer Landschaft aus Kunstfelsen, Palmen und Rasen – alles ein bisschen größer als zu Hause. Ungewöhnlich geht's auch im *Glowing Room SA (Koeberg Road/Ecke Turf Club Drive | Milnerton | Tel. 02 15 51 22 44 | glowingrooms.co.za)* zu: In fast völliger Dunkelheit spielt man leuchtende Bälle durch eine reflektierende Graffiti-Landschaft und das mit 3D-Brille.

INSIDER-TIPP
Minigolf nicht so mini

KLETTERN

Es kann, muss aber nicht gleich der Tafelberg sein. Das perfekte Trainingslager für Kletterrouten in freier Natur ist das *CityROCK (Unit 5, Table Bay Industrial Park | 9 Milner Street | Paarden Eiland | Tel. 02 14 47 13 26 | cityrock.co.za)* in Kapstadts Industrieviertel. Hier bringen dir Trainer die Grundlagen bei; Fortgeschrittene finden anspruchsvolle Routen. Danach: ab auf den Berg.

PARAGLIDING

Oder lieber vom Berg herunter? Auch das ist möglich mit einem der vielen Anbieter von Paragliding-Touren. Mit einem Trainer nimmst du am Lion's Head Anlauf und schwebst wenige Sekunden später über den Dächern Kapstadts. *Go Paragliding (Tel. 08 29 66 20 47 | goparagliding.co.za)*

Paragliding im Tandem vom Lion's Head

bietet den etwa 20-minütigen Tandem-Flug für unter 100 Euro an.

FUSSBALL

Fußball ist der Nationalsport der schwarzen Bevölkerung, der durch die Ausrichtung der WM 2010 nochmal einen Schub bekommen hat. In Kapstadt spielt ein Klub in der Premier Soccer League: Cape Town City FC. Reguläre Spielstätte ist das Stadion in Athlone, einzelne Spiele werden im WM-Stadion von Green Point ausgetragen. Tickets gibt es online z. B. bei *Computicket (computicket.com)* oder am Spieltag am *Athlone Stadium (Klipfontein Road)*. Infos z. B. bei *Cape Town City FC (capetowncityfc.co.za)* oder bei der *Premier Soccer League (psl.co.za)*.

RUGBY

Rugby ist traditionell der Sport der Weißen. Zwar werden immer häufiger auch farbige Spieler integriert und beim WM-Sieg der Nationalmannschaft Springboks jubelte 2019 die ganze Nation. Das ändert aber wenig daran, dass das Publikumsinteresse sehr ungleich ausfällt. Ein Spiel von Kapstadts Heimmannschaft, den Stormers, kannst du im *Newlands Stadium (Boundary Road | Infos: Western Province Rugby Union | Tel. 02 16 59 46 00 | wprugby.com)* anschauen.

ENTSPANNEN

Zu viel gesportelt oder gejubelt? Gut, dass es in Kapstadt unzählige kleine Spas gibt, in denen Verspannungen vergleichsweise günstig wegmassiert werden. Einige davon servieren das Meer sogar auf Körpertemperatur: Auf hochkonzentrierter Salzlösung treibend, kannst du in den Float Tanks die müden Knochen ausruhen, u. a. im *Life Day Spa (The Pavilion | Portswood/Ecke Dock Road | Tel. 02 11 80 47 72 | lifedayspawaterfront.co.za)* an der Waterfront.

FESTE & EVENTS

Die Kapstädter sind so sportbegeistert wie vergnügungssüchtig: Im Januar feiern sie Straßenkarneval, im Spätsommer finden mehrere große Rad- und Laufrennen statt. Und zum Ende des Jahres stimmen sie sich unter blinkender Festtagsbeleuchtung bei einem Nacht-Weihnachtsmarkt auf die Feiertage ein.

JANUAR

★ **Minstrel Carnival:** Karneval an den ersten Tagen des neuen Jahres mit langer Tradition. Die Sklaven feierten ursprünglich am 2. Januar mit einem Umzug ihren freien Tag nach Neujahr. Heute ist es zum Brauch der *coloureds* geworden, die in kostümierten Musikgruppen durch die Stadt ziehen.

Cape Town Met Pferderennen: Gesellschaftlicher Großevent in Kenilworth. Die Pferde interessieren allerdings nur am Rande: Zehntausende führen ihre extravaganten Hüte und eleganten Anzüge spazieren, einige Gäste kommen verkleidet und Jungdesigner tragen ihre Kreationen zur Schau – pompös, schräg und irgendwie sehr kapstädtisch.

FEBRUAR/MÄRZ

Cape Town Pride: Große Gayparty mit wechselndem Motto und fantastisch verkleideten Partyteams. *cptpride.org*

MÄRZ

Cape Town Cycle Tour: 109 km langes Radrennen, an dem nicht nur Profis teilnehmen. Die Einnahmen gehen an wohltätige Organisationen. *capetowncycletour.com*

MÄRZ/APRIL

Two Oceans Marathon: Ultramarathon, der immer zu Ostern auf einer der weltweit schönsten Marathonstrecken über die ganze Halbinsel führt: 56 km

Kostümierte Musikgruppen beim Minstrel Carnival

vorbei an Stränden und Meerespromenaden. *twooceansmarathon.org.za*

Cape Town International Jazz Festival: Berühmte Musiker aus der ganzen Welt verwandeln Kapstadt für ein Wochenende in ein Mekka des Jazz; mit Gratiskonzerten und Jazzworkshops. *capetownjazzfest.com*

JULI

★ **Oyster Festival** in Knysna: Bis zu 200 000 Austern werden verspeist, u. a. bei Wettkämpfen wie dem Austernkochen oder -essen. Zusätzlich gibt es auch Unterhaltung für alle, die keine Austern mögen. *oysterfestival.co.za*

Bastille Day: Franschhoek feiert sein französisches Erbe in blau-weiß-rot; dazu Musik, Wein- und Käseverkostungen. *franschhoekbastille.co.za*

JULI/AUGUST

Cape Town Funny Festival: Knapp einen Monat lang steht im *Baxter Theatre* in Rondebosch die lokale und internationale Comedy-Elite auf der Bühne. *funnyfestival.co.za*

SEPTEMBER

Whale Festival: Im südafrikanischen Winter bevölkern Wale die Küste. In Hermanus werden die Tiere vor der Weiterreise im September mit dem Whale Festival verabschiedet. *hermanuswhalefestival.co.za*

OKTOBER

Rocking the Daisies: Die südafrikanische Antwort auf Woodstock. Gefeiert wird auf einer Weinfarm an der Westküste. *rockingthedaisies.com*

DEZEMBER

Adderley Street Night Market: In den letzten Tagen vor Weihnachten stehen abends auf der Adderley Street die Stände und Musikbühnen des Nachtmarkts.

SCHÖNER SCHLAFEN

EIN GLÄSCHEN WHISKY MIT AUSBLICK

Das exklusive *Cape Grace Hotel* an der V & A Waterfront belegt einen eigenen Kai und ist auf drei Seiten von Wasser umgeben. Von den Zimmern hat man einen tollen Ausblick auf die Schiffe im Hafen und auf die Steilhänge des Tafelbergs. Ein besonderes Highlight ist die *Bascule Whisky Bar* im Hotel. Sie führt über 500 Whisky-Sorten – der teuerste, ein 50 Jahre alter Glenfiddich, schafft es auf 18 000 Rand (900 Euro) pro Gläschen. *120 Zi. | West Quay | Tel. 02 14 10 71 00 | capegrace.com | €€€ | V & A Waterfront | G2*

TOWNSHIP ERLEBEN – SICHER UND AUTHENTISCH

Südafrikas Slum-Tourismus boomt oft auf eine fragwürdige Weise. Doch hier, im zweitgrößten Township Südafrikas, gibt Mama Lydia selbst einen Einblick in das Leben im Armenviertel, ohne dass du dabei auf ein warmes Bett, Dusche und WC verzichten müsstest. *Malebo's Bed & Breakfast* ist eine gemütliche Frühstückspension im Herzen des Townships! *5 Zi. | 18 Mississippi Way | Tel. 08 34 75 11 25 | € | Khayelitsha | U18*

PROMISCHAU BEIM HIGH TEA

Das rosafarbene *Mount Nelson Hotel* ist die exklusivste Residenz der Stadt. Nicht gerade preiswert, aber: Im Nelly, wie es die Kapstädter nennen, nächtigen auch die Stars aus Hollywood. *197 Zi. | 76 Orange Street | Tel. 02 14 83 10 00 | belmond.com | €€€ | Central | F6*

LUXUS AUCH FÜR RUCKSACKTOURISTEN

Im Studentenviertel Observatory stehen den Gästen ein solarbeheizter Pool, Whirlpool, TV und Internetzu-

Exklusivste Residenz der Stadt: das Mount Nelson Hotel

gang zur Verfügung – für ein Backpacker-Hostel ein fast luxuriöses Portfolio. Im Garten des *Green Elephant* ist sogar Zelten erlaubt. *12 Zi. und 5 Schlafsäle | 57 Milton Road | Tel. 02 14 48 63 59 | greenelephant.co.za | € | Observatory | N6*

CAMPING MITTEN IM STADTZENTRUM

Unten dröhnt Kapstadt, oben schnarchst du: Auf dem Dach des *Grand Daddy Hotels* stehen sieben silbern glänzende American Trailer. In diesen Wohnanhängern bekommt man zum glamourösen Campingurlaub auch noch die Annehmlichkeiten eines Hotelaufenthalts dazu. Inmitten des „Campingplatzes" auf dem Dach liegt die *Sky Bar* (s. S. 86): Schlürf deine Cocktails mit Blick auf Kapstadts Skyline. *25 Zi. | 38 Long Street | Tel. 02 12 07 88 88 | granddaddy.co.za | €€ | Central | G4*

INSIDER-TIPP
Glamping mit Traumblick

ÖKO IM INDUSTRIEVIERTEL

Die Lage im Industriegebiet ist vielleicht etwas gewöhnungsbedürftig, trotzdem solltest du erwägen, deine erste oder letzte Nacht im Flughafenhotel *Verde* zu schlafen. Es gilt als das „grünste" Hotel des Kontinents. Dafür sorgen u. a. das Badewasser, mit dem die Toiletten gespült werden, und die Fahrstühle, die durch ihre Bewegung wieder Strom ins Netz speisen. Außerdem gibt es hier das ungewöhnlichste Bonusprogramm: Für jedes wiederverwendete Handtuch oder für den Verzicht auf die Klimaanlage gibt es Freigetränke an der Bar. *145 Zi. | 15 Michigan Street | Tel. 02 13 80 55 00 | hotelverde.com | €€ | Airport Industria | c2*

INSIDER-TIPP
Umweltbewusst an die Bar

ERLEBNIS TOUREN

Lust, die einzigartigen Facetten der Stadt zu entdecken? Dann sind die Erlebnistouren genau das Richtige für dich! Ganz einfach wird es mit der MARCO POLO Touren-App: Die Tour über den QR-Code aufs Smartphone laden – und auch offline die perfekte Orientierung haben.

Botanischer Garten der Superlative in Kirstenbosch

Einfach QR-Code scannen und alle Karten & Infos zu unseren Touren auch unterwegs parat haben!

go.marcopolo.de/kap

DIE ERLEBNISTOUREN IM ÜBERBLICK

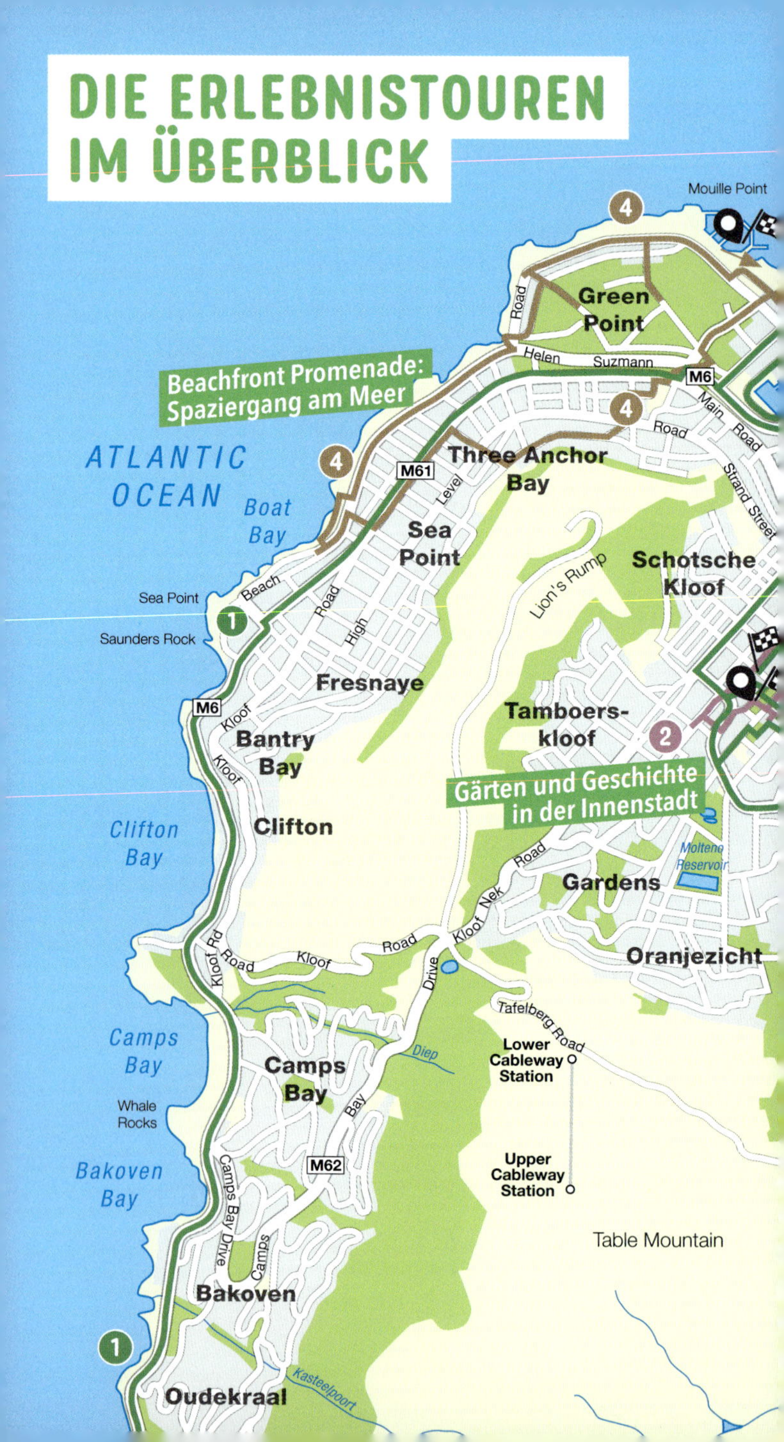

Beachfront Promenade: Spaziergang am Meer

Gärten und Geschichte in der Innenstadt

ATLANTIC OCEAN
Mouille Point
Green Point
Helen
Suzmann
M6
Main Road
Road
Strand Street
Three Anchor Bay
M61
Level
Boat Bay
Sea Point
Beach
Sea Point
Saunders Rock
Road
High
Lion's Rump
Schotsche Kloof
Fresnaye
Tamboers-kloof
M6
Kloof
Bantry Bay
Kloof
Clifton Bay
Clifton
Molteno Reservoir
Kloof Nek Road
Gardens
Oranjezicht
Kloof Rd
Road
Kloof
Road
Drive
Tafelberg Road
Diep
Lower Cableway Station
Camps Bay
Camps Bay
Whale Rocks
Bay
M62
Bakoven Bay
Camps Bay Drive
Camps
Upper Cableway Station
Table Mountain
Bakoven
Oudekraal
Kasteelpoort

Granger Bay
Victoria Bay
Table Bay
Duncan Dock
Ben Schoeman Dock
Paarden Eiland
Marine Drive
Central
Strand
Oswald Pirow
F W de Klerk Boulevard
Foreshore
Observatory und Woodstock: Gentrification live
R102
Darling St
Street
New Market St.
Nelson Mandela Boulevard
Victoria
Malta Rd
Tennant St
De Villiers Rd
Zonnebloem
Salt River
Road
Observatory
Liesbeek
Vredehoek
M3
Main
Station
Road
Devil's Peak Estate
Kapstadt perfekt im Überblick
M4
Tafelberg Road
Road
Parkway
Rosebank
Forest Newlands
Newlands Reservoir
NewlandsA.
1 km
0.62 mi

❶ KAPSTADT PERFEKT IM ÜBERBLICK

- Kapstadts Grünoasen genießen
- Ein Blick ins Township
- Am Strand von Reich und Schön spazieren

Vovo Telo Café

The Blue Room

57 km

1 Tag,
reine Fahrzeit 40 Min.,
reine Gehzeit 2 Std.

Kosten: ca. 55 Euro pro Person für Bus, Eintrittspreise, Essen
Explorer Bus: Info und Buchung: *Tel. 02 15 11 60 00 | citysightseeing.co.za*; Tickets auch online oder im Kiosk des Busses erhältlich.
Imizamo Yethu Township: Der Rundgang durch das Township muss vorher auf der Website oder im Kiosk des Explorer Busses gebucht werden.

❶ Vovo Telo Café

GUT GESTÄRKT AB AUFS AUSSICHTSDECK

Ausgeschlafen? Gut! Vorzugsweise startest du den Tag mit einem Frühstück im ❶ Vovo Telo Café *(33 Pierhead | Tel. 06 36 88 27 45 | €€) an der Victoria & Alfred Waterfront gleich neben dem Amphitheater*. Hier findest du problemlos einen Parkplatz in einem der Parkhäuser. Das berühmte Kapstädter Sonnenlicht ist jetzt am besten für Fotos: ein Seehund am Pier, anlegende Fischerboote. Halt einfach nach Motiven Ausschau, es gibt sie zuhauf.

❷ Two Oceans Aquarium

Weiter geht's anschließend 200 m zur West Quay Road und dann in die Dock Road. Dort findest du das ❷ Two Oceans Aquarium, davor startet der *Explorer Bus*. Der rote Doppeldeckerbus fährt erstmals um 9 (Weihnachten–Neujahr schon ab 8) Uhr am Aquarium ab (dann alle 20 Min.) und steuert auf der *Blue Mini Peninsula Tour* die Attraktionen der Stadt an, die über Kopfhörer in 16 Sprachen erklärt werden. Einfach an den genannten

Stationen aussteigen, und wenn du weiterfahren möchtest, holt dich bald der nächste Bus ab. Genieß die morgendliche Fahrt und entspann noch ein wenig auf deinem mobilen Aussichtsdeck; unten geht es in der City schon weit hektischer zu.

Steig an der Haltestelle Mount Nelson Hotel (76 Orange Street) aus. Nach einem Spaziergang durch den friedlichen ❸ **Company's Garden ➤ S. 31** besuchst du die ❹ **South African National Gallery ➤ S. 34**, in der Afrikas moderne Kunst auf Alte Meister trifft. Es geht gegen Mittag – Zeit für Lunch. Den lässt du dir z. B. bei einem

❸ Company's Garden
❹ South African National Gallery

❺ Beerhouse On Long

❻ Botanischer Garten

❼ Imizamo Yethu Township

❽ Camps Bay

Glas Bier und einem Pulled-Pork-Burger im ❺ Beerhouse On Long *(tgl. 11–16 Uhr | 223 Long Street | Tel. 07 13 28 02 58 | €)* schmecken. *Danach nimmst du den nächsten Bus, und steigst nach 20-minütiger Fahrt in Kirstenbosch am* ❻ Botanischen Garten ➤ S. 44 *aus.* Exotische Farne und Blumen in allen vorstellbaren Farben faszinieren sogar hartgesottene Stubenhocker. Wer will, macht ein Nickerchen im Schatten der Bäume.

VON BITTERER ARMUT ZUM LUXUSSTRAND

Mit dem Bus fährst du weiter die Kurvenstraße entlang und steigst an der Station ❼ Imizamo Yethu Township *aus.* Dort wartet ein vom Busunternehmen lizenzierter Fremdenführer, der selbst im Township lebt. In der Regel dauert eine Township-Tour 40 Min. *(150 Rand/ Pers.).* Die Herzlichkeit der Menschen in dem Armenviertel erscheint umso beeindruckender, wenn man ihre Lebensumstände aus der Nähe gesehen hat. Erst wer dieses „andere" Südafrika erlebt hat, bekommt eine Vorstellung von den Alltagsrealitäten.

Zurück in den Bus, und weiter geht's zum anderen Extrem dieser Tour: nach ❽ Camps Bay ➤ S. 47. *Der Edelstrand ist nur 40 Minuten Fahrt entfernt.* Schlürfe einen Cappuccino im Café Caprice ➤ S. 90, dem Ort mit der höchsten Modeldichte Kapstadts. Dieser unglaubliche Wechsel von bitterer Armut zu Luxus löst

Gepflegtes Beachvolleyball am Strand von Camps Bay

bisweilen ein komisches Gefühl aus – diese Widersprüche sagen aber mehr aus über Südafrika als tausend Worte. *Jetzt geht es zurück zum Ausgangspunkt, der Victoria & Alfred Waterfront.* Genieß bei einem Springbock-Steak den Sonnenuntergang im ⑨ Karibu *(tgl. | Tel. 0214217005 | €€)*, einem schicken Restaurant vor dem Einkaufszentrum.

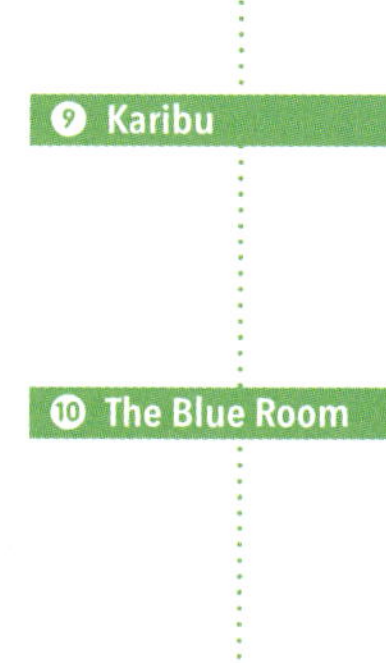

Nach dem Essen nimmst du ein Taxi und fährst zum Abschluss zur Bree Street, Hausnummer 103. Im ⑩ The Blue Room ➤ S. 89 schlürfst du einen der vielen ausgefallenen Cocktails, während du bei Live-Jazz und -Blues den Tag ausklingen lässt. Danach kannst du noch *zwei Parallelstraßen weiter* auf die Partymeile Long Street fahren – dort wird's dann meist etwas später.

② GÄRTEN UND GESCHICHTE IN DER INNENSTADT

- ➤ Südafrikas ältesten Garten erkunden
- ➤ Zuhören: Eine Kirche, die Geschichte erzählt
- ➤ Partymeile und afrikanischer Krimskrams

Start: Parkeingang Queen Victoria Street

Ziel: Parkeingang Queen Victoria Street

4 km

½ Tag, reine Gehzeit 1 Std.

Kosten: pro Person ca. 7 Euro für Essen und 60 Rand Eintritt für die South African National Gallery
Mitnehmen: evtl. Nüsse für die Grauhörnchen

KREUZ UND QUER DURCH DEN GROSSEN PARK

Deine Tour durch den Company's Garden beginnt am ① Parkeingang Queen Victoria Street, denn sie ist eine der wenigen Straßen in Parknähe, wo es gute Chancen auf einen Parkplatz gibt. Die Geschichte des

① Parkeingang Queen Victoria Street

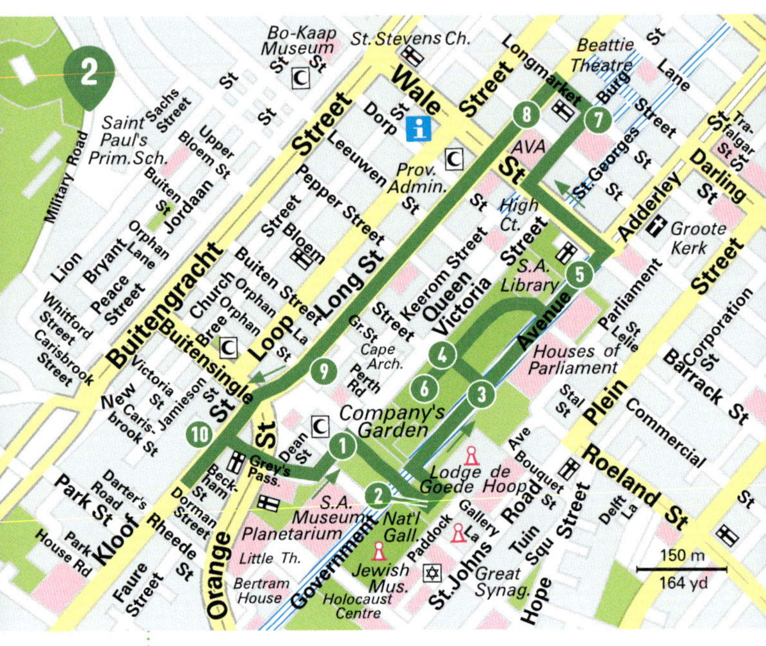

Stadtteils Gardens lässt sich bis 1652 zurückverfolgen, als der erste öffentliche Garten eröffnet wurde. *Folg dem Gehweg 300 m ins Zentrum des Parks;* das schattige Idyll verzaubert Kapstädter genauso wie Besucher – von hier aus sieht man Devil's Peak im Osten und Lion's Head im Westen. Hast du schon die Grauhörnchen bemerkt? Sie sind sehr zutraulich und fressen auch mal aus der Hand. *Weiter geht es 50 m entlang der Gallery Lane.* Am anderen Ende des Parks läufst du auf die

❷ South African National Gallery

1872 gegründete **❷ South African National Gallery** ➤ S. 34 mit Gemälden ab dem 17. Jh. zu. Hier vergeht eine Stunde wie im Nu.

Die Gallery Lane zurück spaziert, stößt du nach 50 m auf die Government Avenue in der Mitte des Parks – hier biegst du rechts ein. Rechter Hand liegt jetzt der große

❸ Houses of Parliament

Komplex der **❸ Houses of Parliament** ➤ S. 32 rund um das imposante, neoantike Hauptgebäude. Links, ein paar Meter in den Park hinein, findest du in der Mit-

❹ Rhodes-Denkmal

te des kleinen Stadtwaldes das **❹ Rhodes-Denkmal**

für den Kolonialisten Cecil Rhodes in Form einer gewaltigen Statue. Im 19. Jh. gründete er den Diamantenkonzern De Beers sowie Südafrikas Nachbarstaat Rhodesien (heute Simbabwe). *Schlag einen Bogen zurück zur Government Avenue,* an deren Ende sich links die ❺ St George's Cathedral ➤ S. 38 erhebt, eine anglikanische Kirche, die zum Zentrum religiösen Widerstands gegen die Apartheid wurde.

❺ St George's Cathedral

Zurück auf der Government Avenue, siehst du nach 200 m das nette ❻ Company's Garden Restaurant ➤ S. 31, das mit leichten Mahlzeiten oder Kaffee und Kuchen der perfekte Ort für deine Pause ist. Aufregend für Kinder: Draußen gibt's große Korbnester, in denen man sich verstecken oder schaukeln kann. Gesell dich dazu, wenn sich die Kapstädter in der Mittagspause im Park treffen und über das letzte Rugbyspiel diskutieren, und entspann im Schatten der großen Bäume.

❻ Company's Garden Restaurant

QUIRLIGER MARKT UND EINE MUSIKLEGENDE

Genug entspannt – nach den Gärten *gehst du über die Burg Street zum* ❼ Greenmarket Square ➤ S. 38. Hier hat sich ein quirliges Großstadtleben mit Cafés und Marktständen entwickelt. Und die Händler lassen sich, wenn auch scheinbar empört, meist ein gutes Stück von ihren Preisen für afrikanischen Schmuck und Skulpturen herunterhandeln. *Nach dem Marktbesuch stößt du über die Longmarket Street auf die* ❽ Long Street ➤ S. 30, die lebendigste Straße Kapstadts. In viktorianischen Häusern haben sich Restaurants und Clubs angesiedelt, auf deren ausladenden Balkonen die Kapstädter Nächte – und so mancher Morgen danach – zur vollen Entfaltung kommen. Den Nachmittag kannst du für einen Bummel durch die Mode-Design-Läden der Straße nutzen. Oder du besuchst den besten Plattenladen der Stadt: ❾ Mabu Vinyl *(285 Long Street).* Der Besitzer Stephen Segerman ist Hauptdarsteller in der Oscar-prämierten Dokumentation „Searching for Sugarman" und lässt sich inmitten seiner Schallplattensammlung gerne auf einen Plausch über Südafrikas Musikgeschichte ein.

INSIDER-TIPP
Lokale Berühmtheit

❼ Greenmarket Square

❽ Long Street

❾ Mabu Vinyl

⑩ Kloof Street

① Parkeingang Queen Victoria Street

Abschließend folgst du der Straße in Richtung Tafelberg, dann stößt du nach wenigen Hundert Metern auf die ⑩ Kloof Street ➤ S. 30, wo die Restaurants ein wenig gediegener sind. Ausgezeichneten Kaffee bekommt man im Kloof Street House *(30 Kloof Street)*; es liegt auf der rechten Seite hinter einer dichten Hecke versteckt. Gestärkt geht's danach *wieder zurück zum* ① Parkeingang Queen Victoria Street.

③ OBSERVATORY UND WOODSTOCK: GENTRIFICATION LIVE

- ➤ Zu Gast bei Lebenskünstlern und Hipstern
- ➤ Mit Kreativen in Galerien plaudern
- ➤ Kulinarik am Wochenendmarkt

Lower Main Road

GoGo

5 km

½ Tag, reine Gehzeit gut 1 Std.

Die Gegend ist zwar weitgehend sicher, es empfiehlt sich aber dennoch, die Tour im Hellen zu beenden und nicht allein zu gehen.
Unternimm die Tour am besten vormittags am Wochenende, dann hat der Neighbourgoods Market geöffnet.

① Lower Main Road

② Revolution Records

③ Honeybun

ZWISCHEN GALERIEN UND MARKTTREIBEN

Dein Spaziergang startet in der ① Lower Main Road *auf Höhe der Nr. 73.* Damit betrittst du das Herz von Observatory. In kaum einer anderen Straße gibt es eine vergleichbare Dichte von Cafés, Galerien und Geschäften – wie z. B. der Plattenladen ② Revolution Records. *Nach wenigen Metern entdeckt man ihn auf der linken Seite.* 20 000 Schallplatten lagern im Laden. Ein paar Eingänge weiter findest du das Eckcafé ③ Honeybun. An einem zur Straße gerichteten Tresen kann man beim Kaffee die Lebenskünstler der Gegend beobachten. Genug von der Lebenskünstler-Safari? Dann schaust du an der nächsten Ecke mal bei **4 Mnandi Design** vorbei. Dort warten afrikanische Gewänder, Wandteppiche und andere bunte Dinge auf Käufer. Das soziale Leben von „Obz" konzentriert sich auf diese Straße. Doch auch die Seitenstraßen sind einen Abstecher wert: Nimm dir Zeit und schau den Kindern beim Spielen zu, wage den Besuch eines afrikanischen Friseursalons oder geh in eine der vielen kleinen Kirchen. *Am besten biegst du dazu nach 250 m rechts in die Colingwood Road und wieder links in die Howe Street ein; nach 300 m kehrst du links über die Nelson Road zurück auf die Lower Main Road.* Auf der Ecke stößt du auf einen der kreativsten Keramikläden am Kap: **5 Liesel Trautman Ceramics**.

4 Mnandi Design

5 Liesel Trautman Ceramics

Geh nun weiter die Lower Main Road hinab, vorbei an Antiquitätenläden. Dort besuchst du **6 The Bijou** *(tgl. 8.30–12 Uhr)*; das historische Kino im Art-déco-Stil ist heute eine Kreativwerkstatt und beherbergt Kunstgalerien, Ateliers und ein Künstlercafé. Nach einem Kilometer merkt man, dass noch nicht alle Ecken in Observatory renoviert wurden, die Gegend befindet sich noch in der Entwicklung. *Am Ende der Lower Main Road biegst du links in die Albert Road ab.* Plötzlich verschwinden die Boutiquen, stattdessen stehst du mitten auf einer typisch afrikanischen Einkaufsstraße. Es lohnt sich wei-

6 The Bijou

Informeller Treffpunkt am Samstag: Neighbourgoods Market in der Old Biscuit Mill

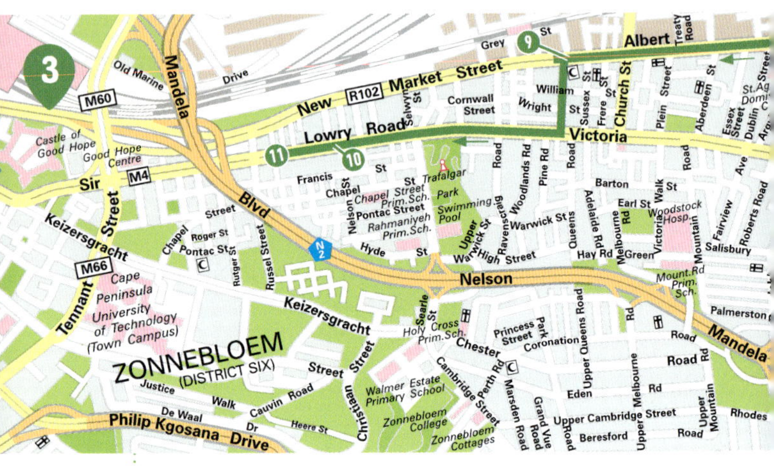

7 Neighbourgoods Market

terzubummeln, besonders, wenn man am Wochenende unterwegs ist. Dann hat nämlich der **7 Neighbourgoods Market** ➤ S. 79 geöffnet, und der ist nur 20 Minuten entfernt und Wochenend-Treffpunkt No. 1. Stärkungen gibt's hier in Form von Flammkuchen, Smoothies und Samoosas.

INS HERZ DER KREATIVSZENE

8 World of Rustic Frames

200 m vom Neighbourgoods Market bietet die **8 World of Rustic Frames** die berühmten Bilderrahmen im „Rustic Style". Im weiteren Verlauf der Straße erkennst du bald, wie talentiert die südafrikanische Graffitiszene ist. Besonders beeindruckt das Wandgemälde eines Manns in Zebrakostüm des ukrainischen Straßenkünstlers Aec Interesni Kazki an der Ecke Church und Wright Street. Es ist kein Zufall, dass in diesem kreativen Umfeld die **9 Woodstock Exchange** *(66 Albert Road)* entstanden ist. Hier haben sich nicht nur junge Firmen eingemietet, sondern auch tolle Geschäfte: **Sage & Sunday** z. B., das sich auf Ökokleidung wie etwa Kork-Lederschuhe spezialisiert hat, oder der Schoko-Laden **Tina's**.

INSIDER-TIPP
Versteckte Kunst

9 Woodstock Exchange

Weiter geht's nun durch die Station Street an der Woodstock Exchange vorbei zur zweiten boomenden Straße

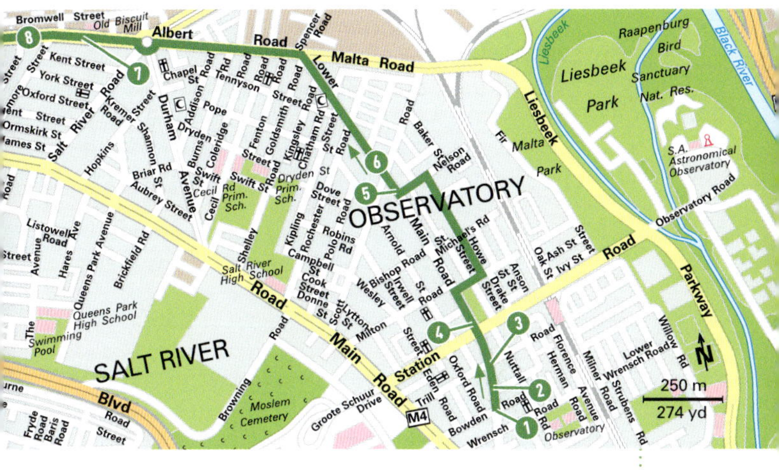

in Woodstock, der Sir Lowry Road. Nach einigen Minuten erreichst du die spannende ⑩ **Stevenson Gallery** ➤ S. 77. Langsam hast du dir einen Kaffee verdient. Im Deli ⑪ **GoGo** *(41 Sir Lowry Street | Tel. 02 14 61 39 73 | €)* endet der Spaziergang durch die Kreativzone Kapstadts.

⑩ Stevenson Gallery

⑪ GoGo

④ BEACHFRONT PROMENADE: SPAZIERGANG AM MEER

- ➤ **Nach dem Fußballfieber: Die große Schüssel erkunden**
- ➤ **Wo ganz Kapstadt flaniert**
- ➤ **Die besten Sandwiches der Stadt probieren**

Start: Victoria & Alfred Waterfront

Ziel: Victoria & Alfred Waterfront

Strecke: 12 km

Dauer: 1 Tag, reine Gehzeit 3 Std.

Kosten: ca. 10 Euro pro Person für Verpflegung und Schwimmbadeintritt

① Victoria & Alfred Waterfront

② Green Point Stadium

③ Caffe Neo

④ Green Point Park

VOM HAFEN ZUM FUSSBALLSTADION

Nach dem Frühstück startest du am Amphitheater und spazierst über das Gelände der ① Victoria & Alfred Waterfront ➤ S. 39, 76. Im Hintergrund erhebt sich der Tafelberg und vor dir liegt das pralle Leben dieses verrückten Hafens. Von hier aus starten viele Touristenboote, auch der Industriehafen ist weiterhin aktiv. *Es geht weiter über den Breakwater Boulevard vorbei am* Grand Café & Beach*, das bei einer anderen Gelegenheit sehr empfehlenswert für Cocktails ist.*

Nun biegst du rechts in die Beach Road ein und schlenderst die Uferpromenade entlang. Links thront das ② Green Point Stadium *(Eingang über Fritz Sonnenberg Street)*, die große Schüssel erkennt man schon von Weitem. Hier weinte der Argentinier Diego Maradona, nachdem seine Mannschaft das Viertelfinale der WM 2010 mit 0:4 gegen Deutschland verloren hatte. Ein aus deutscher Fansicht also denkwürdiger Ort.

ENTDECKE DIE PFLANZENVIELFALT!

Zurück in die Beach Road. Dort erreichst du nach 700 m den ältesten Leuchtturm des Landes. Er warnt Schiffe seit 200 Jahren vor der gefährlichen Felsküste – zum Leid vieler Kapstädter auch mit einem Nebelhorn, das bei schlechter Sicht alle 30 Sekunden prustet. *Gleich gegenüber* liegt das ③ Caffe Neo *(129 Beach Road | Tel. 021 4 33 08 49 | €) auf der linken Seite.* Die bunten Salate des Bistros sind eine Lokalberühmtheit! Hinter dem Café beginnt der ④ Green Point Park. Früher bestand das Gelände aus einem Golfplatz. Inzwischen umgibt die 65 000 Zuschauer fassende Arena ein neu angelegter Park mit Spielplätzen und Teichen. Botaniker können hier 25 000 verschiedene Pflanzen erkunden. Interessant ist auch der Ökogarten Biodiversity Showcase Garden, wo du alles über Fynbos und Rooibos erfährst – beide waschechte Kapstädter.

AN DER PROMENADE ENTLANG ZUM POOL

Anschließend geht's zur Beach Road zurück und immer am Ufer entlang. Die 6 km lange Promenade gehört zu den schönsten, die internationale Metropolen zu bieten haben. Mit Kraft rollen die Wellen heran und an einigen Stellen muss man aufpassen, denn sie schwappen über. Hier joggt die Stadt: Alte und Junge, Übergewichtige und Hübsche – ja, sogar der Präsident, wenn er gerade in Kapstadt weilt. Eltern spielen mit ihren Kindern, Studenten kicken einen Ball über die Wiese. Von hier aus starten auch Kajaktouren, bei denen man bei anderer Gelegenheit etwa 2 Std. in kleinen Gruppen entlang der Promenade paddelt *(kayak.co.za)*. Jetzt lockt eine Abkühlung: *Lauf weiter bis zum* **5 Sea Point Pavillon Pool** *in Sea Point* ➤ S. 49 und genieß das 50-m-Becken mit Meerblick – und das für spottbillige 33 Rand Eintritt.

5 Sea Point Pavillon Pool

STÄRKUNG FÜR DIE LETZTE ETAPPE

Auf dem Rückweg über die Main Road ist es Zeit für einen Snack **6 Giovanni's** ➤ S. 61 liegt beinahe auf dem Weg. Lass dir die berühmten Schinken-Sandwiches schmecken, umgeben von Kapstädtern, die hier mit einem Bier auf ihren Feierabend anstoßen. Danach schaffst du dann den Rückweg zur **1 Victoria & Alfred Waterfront** locker.

6 Giovanni's

1 Victoria & Alfred Waterfront

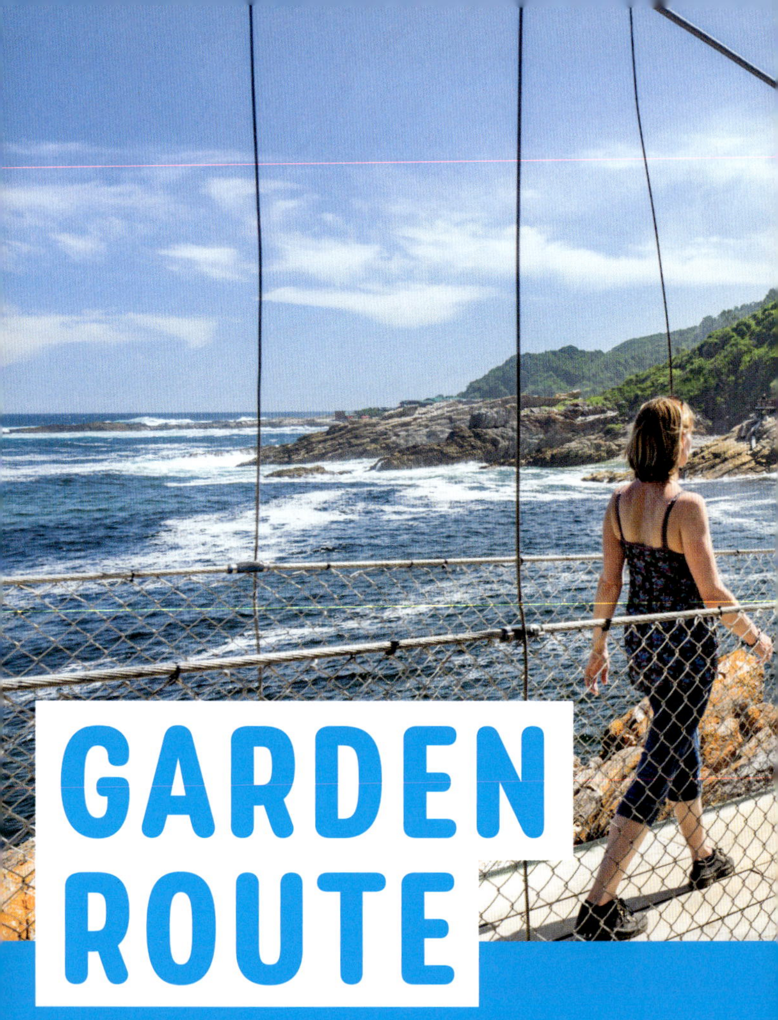

GARDEN ROUTE

Als die ersten europäischen Siedler an der Südküste Afrikas eintrafen, hatten sie das Gefühl, in einem üppigen Garten gelandet zu sein. Die gesamte Küstenregion entlang des Indischen Ozeans ist überzogen mit wilden Wäldern und farbigen Fynbos-Blüten.

Von Mossel Bay im Westen bis zum Tsitsikamma National Park erstreckt sich auf gut 200 km ein Küstenstreifen, dessen Schönheit überwältigt: einsame Strände und Buchten, urwaldartig überwucherte Berghänge und Klippen, in die sich immer wieder tiefe

Teste im Tsitsikamma National Park dein Gleichgewicht auf einer Hängebrücke

Schluchten fressen. Die Einsamkeit der Landschaft wechselt sich mit dem lebendigen Charme der Orte ab. Inoffizielle Hauptstadt der Garden Route ist *Knysna,* das regelmäßig zum Lieblingsferienort des Landes gewählt wird. Eine Übernachtung sollte man in der Halbwüste der Klein Karoo auf der Route 62 einplanen. Der extreme Kontrast der kargen Landschaft zur fruchtbaren Garden Route ist faszinierend. Wichtigster Ort entlang der Strecke und Weltmetropole der Straußenzucht ist Oudtshoorn. Um die Garden Route zu erkunden, solltest du dir insgesamt eine Woche Zeit nehmen.

GARDEN ROUTE

MARCO POLO HIGHLIGHTS

★ **OUDTSHOORN**
Welthauptstadt der Straußenzucht
➤ S. 121

★ **FEATHERBED NATURE RESERVE**
Naturreservat direkt an der Lagune
➤ S. 123

TSITSIKAMMA NATIONAL PARK
Wandern und wohnen im Nationalpark am Meer ➤ S. 125

JEFFREYS BAY
Rauf aufs Brett in Südafrikas Surf-Mekka ➤ S. 125

MOSSEL BAY

(🕮 X18) **Ab 1500 tauschten portugiesische Seefahrer, die an der Mossel Bay ihre Vorräte auffüllten, Nachrichten aus, die sie an einem alten Milkwood-Baum hinterließen.**

Später wurde der Baum als erstes Postamt Südafrikas berühmt. Seinen Namen erhielt das lebendige Hafen- und Ferienstädtchen (98 000 Ew.) im 17. Jh. von den Holländern wegen des großen Muschelvorkommens.

SIGHTSEEING

BARTOLOMEU DIAS MUSEUM COMPLEX

Benannt nach dem ersten europäischen Seefahrer, der 1488 in Südafrika vor Anker ging. Nach dem Muschel- und dem Seefahrtsmuseum sollte man unbedingt auch den *Post Office Tree* besuchen. Bis heute kann man von hier aus Post verschicken. *Mo–Fr 8.15–17, Sa/So 9–16 Uhr | 1 Market Street | ⏲ 2 Std.*

SPORT & SPASS

DIAZ WATER PARK

Ja, „Waterwurm" klingt niedlich auf Afrikaans. Doch diese Wasserrutsche, eine der ersten in Südafrika, hat es mit 100 m wirklich in sich! Wer auf den Spaß verzichten kann, lässt sich im Wellentunnel treiben. Während der Schulferien im Dezember gibt es auch ein Abendprogramm. Toll für Kinder und Familien. *Tgl. 9–18, im Dez. zusätzlich 19–22 Uhr, Mai–Sept. geschl. | 1 Beach E Blvd. | Tel.*

Sich wie ein Seefahrer fühlen – das geht im Bartolomeu Dias Museum

08 36 79 35 55 | Facebook: Diaz Waterpark

STRÄNDE

Unterhalb der Stadt liegt der schöne *Santos Beach:* Hier kannst du im warmen Wasser des Indischen Ozeans herrlich schwimmen und schnorcheln.

GEORGE

(🕮 X17) **Das 1811 gegründete George (208 000 Ew.) liegt eingebettet zwischen den Outeniqua-Bergen und dem Meer und ist das Geschäftszentrum der Garden Route.** Vor allem Golfer zieht es aus aller Welt hierher, was nicht zuletzt an *Fancourt* liegt, dem international berühmten Golfresort. Hier wurden u. a. seinerzeit schon der President's Cup zu Ehren von Nelson Mandela und der erste Frauenweltcup ausgespielt.

SIGHTSEEING

OLD SLAVE TREE

In den mächtigen Stamm der angeblich schon 200 Jahre alten Eiche sind Teile einer alten Eisenkette eingewachsen. Hier sollen früher Sklavenversteigerungen stattgefunden haben – daher der Name. *York Street*

SPORT & SPASS

PARAGLIDING

Noch beeindruckender sind die Wälder und Küsten der Garden Route aus der Luft. Lass dir die Landschaft von einem ausgebildeten Führer bei einem Tandemflug zeigen. *Tel. 07 21 99 06 22 | dolphinparagliding.co.za*

RUND UM GEORGE

1 WILDERNESS NATIONAL PARK

20 km von George, 25 Min. mit dem Auto über die Schnellstraße

Über 28 km entlang der Küste zieht sich der Nationalpark. Das Aufeinandertreffen des Indischen Ozeans mit den Süßwasser-Bergflüssen hat eine ganz eigene Tier- und Pflanzenwelt hervorgebracht. Auf dem Weg zum Park solltest du bei Wilderness den Abzweig von der N 2 zum Aussichtspunkt der *Map of Africa (Remskoen Street)* nehmen: Von oben sieht man hier, wie der Verlauf des Kaaimans River auf spektakuläre Weise den Umriss des afrikanischen Kontinents in die Landschaft zeichnet. Für Wanderungen, Abseiling, Rad- und Kanutouren gibt's zahlreiche Anbieter. Infos u. a. auf *wilderness-info.co.za*. Wer mag, kann die Nacht in einer Ferienhütte *(€)* im Park verbringen. *🕮 X17–18*

INSIDER-TIPP
Afrika liegt dir zu Füßen

2 OUDTSHOORN ★

70 km von George, 1 Std. mit dem Auto über die Schnellstraße

Nach Oudtshoorn gelangt man über den schönen *Outeniqua-Pass*. Die

Oudtshoorn gilt als Südafrikas Hauptstadt der Straußenzucht

Stadt ist Zentrum der Straußenzucht und wichtigster Ort der Halbwüste Klein Karoo. Schon gewusst? Das Auge eines Straußes ist größer als sein Gehirn. Das und alles weitere über die Vögel lernst du auf einer der Zuchtfarmen, z. B. der *Highgate Ostrich Show Farm (ca. 10 km außerhalb von Oudtshoorn in Richtung Mossel Bay, der Beschilderung an der R 328 folgen | Tel. 04 42 72 71 15 | highgate.co.za)*, die älteste Straußenfarm der Welt. In Oudtshoorn liegt mit dem *Jemima's (tgl. | 94 Baron van Reede Street | Tel. 04 42 72 08 08 | jemimas.com | €€)* außerdem eins der Top-10-Restaurants Südafrikas. Wer so weit gefahren ist, sollte sich das Straußen- und Lammfleisch, kombiniert mit regionalen Gewürzen, schmecken lassen. Unbedingt reservieren! *X17*

INSIDER-TIPP
Local is lekker!

KNYSNA

(X18) **Regelmäßig wird Knysna (74 000 Ew., ausgesprochen „Neisna") von den Südafrikanern zum**

beliebtesten Ferienort gewählt und ist entsprechend touristisch erschlossen.
Jedes Jahr kommen Millionen Besucher in die Stadt, die vor allem die Waterfront mit ihren Restaurants und Souvenirläden ansteuern. Daran konnte selbst der große Brand 2017 nichts ändern, der etliche Häuser vernichtete und Menschen und Tiere in die Flucht trieb. Berüchtigt ist Knysna für seinen nautisch schwierigen Hafen: Ganze 87 Schiffswracks sollen hier auf Grund liegen! Halte Ausschau danach, wenn du auf die Knysna-Lagune blickst – sie ragt mitten in die Stadt hinein. An ihrer Meeresmündung liegt das *Featherbed Nature Reserve*, das nur übers Wasser erreichbar ist.

SIGHTSEEING

FEATHERBED NATURE RESERVE ★

Das Naturreservat liegt an und auf der Sandsteinklippe an der Lagunenmündung von Knysna. Erkundige dich vorab nach geführten Touren durch das Reservat, die z. T. mehrgängige Menüs beinhalten, und nach stimmungsvollen Schiffstörns mit dem einzigen Schaufelraddampfer Südafrikas. In der Hochsaison sollte man rechtzeitig buchen! *Touren tgl. 8.30–18.30 Uhr | 275–1100 Rand (je nach Umfang) | Tel. 04 43 82 16 93 | knysnafeatherbed.com*

THE HEADS

Kurz hinter Knysna in Richtung Plettenberg Bay auf der N 2 findet man die Beschilderung nach *The Heads*. Du kannst mit dem Auto bis zur Spitze der Sandsteinklippe vorfahren und hast hier einen tollen Blick auf die Lagune. Vielleicht leistet dir dabei der ein oder andere *dassie* Gesellschaft: Diese kaninchengroßen Tiere (dt.: Klippschliefer oder Klippdachs) sehen zwar aus wie Meerschweinchen, ihre nächsten Verwandten sind aber Elefanten. Niedlich, aber Vorsicht: bissig!

ESSEN & TRINKEN

BUTTERFLY BLU

Auf einer Düne gelegen, bietet das Restaurant einen sensationellen Blick auf die Bucht. Zuerst spaziert man über den weißen Strand und genießt anschließend an der Cocktailbar das rotglühende Meer beim Sonnenuntergang. *Tgl. 8–21 Uhr | 198 CR Swart Drive | Tel. 04 43 81 00 27 | butterflyblu.co.za | €*

PLETTENBERG BAY

(🕮 X18) **In „Plett", wie die Südafrikaner diesen bezaubernden Ort (59 000 Ew.) nennen, verbringen neben Einheimischen aus Johannesburg gut betuchte Gäste ihre Zeit.**
Von Juli bis November ist Plettenberg Bay auch bei Walen beliebt, die extra aus der Antarktis anreisen. Mit Glück kann man sie sogar beim Gebären ihres Nachwuchses beobachten.

SIGHTSEEING

ROBBERG ISLAND NATURE RESERVE

Auf Wanderstrecken kommt man an einsamen Stränden und Höhlen vorbei, wo während der Steinzeit unsere Urahnen hausten. Von ihrer Existenz zeugen heute noch historische Werkzeuge und uralte Grabstellen. Mit etwas Glück beobachtest du außerdem Seehunde, Delfine und Wale. *Eintritt 60 Rand | 4 km südl. von Plettenberg Bay | capenature.org.za*

ESSEN & TRINKEN

LE FOURNIL DE PLETT

Ein kleines Stück Frankreich an Afrikas Südzipfel: Seit über zehn Jahren begeistern die freundlichen Besitzer dieses charmanten Bistros ihre Gäste mit fluffigen Croissants und superleckeren, hausgemachten Pastetchen. Bienvenue auf der Sonnenterrasse! *Mo–Fr 7.30–16.30, Sa/So 7.30–15.30 Uhr | Lookout Centre | Main Street | Tel. 04 45 33 13 90 | Facebook: Le Fournil de Plett | €*

SPORT & SPASS

FOREVER PLETTENBERG RESORT

Das Resort hat auch für Tagesbesucher geöffnet: Per Motorboot oder Kanu können Familien den Keurboom-Fluss erkunden oder sich nach dem Beachvolleyball am Strand entspannen. *6 km östl. von Plettenberg Bay an der N2 | Tel. 04 45 35 93 09 | foreverplettenberg.co.za*

STRÄNDE

Die zwei Stadtstrände von Plettenberg Bay heißen *Central* und *Hobie Beach*. Schön ist auch der malerische

Abschalten und spielen am weiten Strand von Plettenberg Bay

Keurboomstrand (ein paar Kilometer östlich an der N 2), hinter dem sich urwaldartig bewachsene Felsen erheben. Aber Vorsicht beim Baden: Hier herrscht eine starke Strömung!

RUND UM PLETTENBERG BAY

3 TSITSIKAMMA NATIONAL PARK ★

70 km von Plettenberg Bay, 1 Std. mit dem Auto über die Autobahn

Gleich vor Plettenberg Bay liegt ein Stück Urwald, das mit seiner Schönheit selbst Couch Potatoes zum Wandern verführt: saftiges Grün, wohin man blickt. Der schönste Punkt ist die Flussmündung des Storm's River. Es gibt tolle Übernachtungsmöglichkeiten im Park, die allerdings frühzeitig gebucht werden müssen.

Auf dem Weg zum Park über die R 102 hält man am besten am *Nature's Valley Beach* an, einem herrlichen, unberührten Strand. Danach hast du die Gelegenheit zum ultimativen Adrenalinkick: Auf der Rückfahrt über die N 2 kommst du an dem mit 216 m weltweit höchsten Bungeesprung von der *Bloukrans-Brücke (tgl. 9–17 Uhr | Sky Walk Tour 350, Sprung 1500 Rand | faceadrenalin.com)* vorbei. Ab der Ausfahrt östlich der Brücke werden geführte Touren über die Brücke angeboten. *sanparks.org* | *Y18*

4 JEFFREYS BAY ★

160 km von Plettenberg Bay, 2 Std. mit dem Auto über die Autobahn

In der Bucht vor Port Elizabeth befindet sich das Mekka der südafrikanischen Surfer. Der Ort ist regelrecht um die Surfszene herumgewachsen. Das macht ihn nicht unbedingt schön, aber wer auf der Suche nach Gleichgesinnten ist, dem wird das nicht allzu viel ausmachen. In diesem Sinn: unbedingt selbst mal aufs Brett steigen, denn im Ort gibt es Dutzende Surfschulen. Im Juli findet hier das *Corona Open J-Bay* statt, bei dem sich die besten Surfer der Welt messen. Dann ist der Ort rappelvoll und in vielen Bars finden an den Wochenenden Konzerte statt. *jeffreysbaytourism.org* | *0*

WHALE WATCHING

Hermanus ist Südafrikas Wal-Hauptstadt. Von hier starten zahlreiche Touren per Boot und mit Glück kann man die Giganten schon von der Küste aus sehen. Am besten geht das im September beim jährlichen *Whale Festival (hermanuswhalefestival.co.za)*. Von Juni bis November halten sich die Tiere für die Geburt des Nachwuchses in seichteren Gewässern auf. In Kapstadt sieht man Wale am wahrscheinlichsten zwischen Simon's Town und Muizenberg. Prinzipiell schwimmen sie mit 5–8 km/h gemächlich überall an der Garden Route entlang. Ein guter Aussichtspunkt ist das *De Hoop Nature Reserve*, wo ein Wanderpfad die Küste entlangführt.

WINE LANDS

Bei klarer Sicht sind die Bergketten der Wine Lands schon von Kapstadt aus zu sehen: Sie zeichnen sich im Osten als Silhouetten ab. Und hat man die Fahrt dorthin zurückgelegt, ist ihr Anblick kaum weniger überwältigend. Die Berge, über die sich die Rebenfelder der Weinfarmen ziehen, machen den Wine Lands Kaliforniens oder Australiens ernsthaft Konkurrenz.

Über 150 Weinfarmen verteilen sich im Gebiet zwischen Stellenbosch, Paarl und Franschhoek. Der Boden am Fuß der Berge ist fruchtbar und die Weinbauern wissen ihn seit über 300 Jahren gut

In den Wine Lands reifen die Trauben für die edlen Tropfen vom Kap

zu nutzen. Es ist hier längst nicht so windig wie an der Küste und bis zu fünf Grad wärmer. Heute werden mehr als eine Milliarde Liter Wein im Jahr in der Gegend produziert. Für den Rausch sorgen aber nicht nur Wärme und Wein – es ist vor allem der unwiderstehliche Charme der vielen kleinen Weinorte und der Talstraßen dazwischen. Auf den meisten Weingütern kann man Wein verkosten und manche sind darüber hinaus für ihren selbst produzierten Käse oder für Ausritte bekannt. Du solltest zumindest zwei Tage einplanen, um die Gegend zu erkunden.

WINE LANDS

R44
R45
R311
Riebeek-Wes
Voelvlei Dam
R46
Riebeek-Kasteel
Hermon
Malmesbury
Abbotsdale
Mamre
R45
Atlantis
Kalbaskraal
R302
7
Wellington
Philadelphia
Windmeul
Melkbosstrand
KWV Wine Emporium
Klipheuwel
Paarl
S. 132
35 km, 40 Min.
Morning Star
30 km, 30 Min.
2 Exotic Animal World
Kraaifontein
Durbanville
25 km, 25 Min.
Milnerton
4 Boschendal
Parow
1
Brackenfell
35 km, 45 Min.
Cape Town
Kuilsrivier
Elsiesrivier
Reuben's
Stellenbosch
S. 130
Franschhoek
S. 134
2
Blue Downs
Eersterivier
25 km, 30 Min.
Mitchells Plain
Khayelitsha
Somerset West
1 Vergelegen
Strand
False Bay
Sir Lowry's Pass
Grabouw
De Rust Village
2
Lebanon
10 km
6.21 mi

MARCO POLO HIGHLIGHTS

★ **VERGELEGEN**
Auf diesem Vorzeige-Weingut werden Staatsgäste empfangen ➤ S. 132

★ **KWV WINE EMPORIUM**
Die beste Weinkellertour endet mit ausgezeichnetem Brandy ➤ S. 81, 133

★ **FRANSCHHOEK**
Garten Eden mit französischer Weinkultur ➤ S. 134

★ **REUBEN'S**
Hier kocht einer der Stars der südafrikanischen Küchenszene ➤ S. 135

STELLENBOSCH

(□ U18) **Stellenbosch ist das Herz der Wine Lands: Um den historischen Stadtkern verlaufen Alleen, die von 300 Jahre alten Eichen gesäumt sind.**

Daher hat Stellenbosch (173 000 Ew.) seinen Afrikaans-Spitznamen: Eikestad. Über 100 Gebäude der kapholländischen Architektur aus dem 18. und 19. Jh. stehen unter Denkmalschutz. Benannt ist das Städtchen nach Simon van der Stel, der Stellenbosch 1679 als Siedlung am Eerste-Fluss gründete.

Etwas außerhalb findet an Wochenenden der bekannte *Root 44 Market* (s. S. 79) statt.

SIGHTSEEING

DIE BRAAK

Der Platz im Zentrum war früher der Paradeplatz. Um ihn herum liegen historische Gebäude der Kolonialherren, die die Landesgeschichte in der ganzen Stadt spürbar machen. Von hier aus spazierst du durch die angrenzenden Sträßchen Church, Dorp und Ryneveld Street mit Galerien, Cafés und Boutiquen. Hier liegt u.a. auch die *Old Lutheran Church* aus dem Jahr 1851, heute die Kunstgalerie der Universität.

JONKERSHOEK NATURE RESERVE

Auf schönen Wanderstrecken *(2–6 Std. Laufzeit)* gelangst du durch Täler zu Bergseen, deren Anblick du dann oft nicht mal mit anderen Besuchern teilen musst. Im Winter kann man hier sogar eine Schneeballschlacht machen! *Tgl. 8–18 Uhr | Eintritt 50 Rand | Jonkershoek Road | capenature.co.za*

WEINGÜTER

SPICEROUTE

Zwischen den Häusern vergisst man schnell, dass man eigentlich über eine Weinfarm spaziert. In jedem Gebäude erwartet dich eine andere Delikatesse zur Verkostung: ob Craftbeer, hausgemachte Schokolade, Biltong oder eben Wein. Vom Restaurant hat man einen grandiosen Blick auf die Weinberge weiter unten im Tal. *Tgl. 9–17 Uhr | Suid Agter Paarl Road | Tel. 02 18 63 52 00 | spiceroute.co.za*

SPIER

Das ist die Vergnügungsfarm unter den Weingütern und deshalb vor allem für Familien gut geeignet: Kinder können auf Ponys über die Farm reiten, während es sich die Eltern derweil bei einem Picknick unter Bäumen gemütlich machen. In einer Ecke der Weinfarm befindet sich ein kleiner Raubvogel-Zoo. Für Kinder ab 10 J. (also ja, auch erwachsene Kinder…) bietet die Farm Segway-Touren durch die Weingärten an *(tgl. 9–16.30 Uhr nach Vereinb. | ab 420 Rand | segwaytours.co.za)*. Anschließend spazierst du entlang des Sees und machst Halt beim Kunst-

INSIDER-TIPP
Trauben naschen auf zwei Rädern

Südafrikas Weine haben einen guten Ruf – Arbeiter bei der Weinlese

handwerksmarkt. Auf der Bühne des Amphitheaters finden Konzerte und Theatervorführungen statt. Und die beiden Restaurants auf der Farm verwenden für ihre leckeren Gerichte Biozutaten von örtlichen Farmen. *Tgl. 9–17 Uhr | an der R310 | Tel. 02 18 09 11 00 | spier.co.za*

VERGENOEGD

Das Weingut Vergenoegd Löw verzichtet seit 1984 auf Pestizide. Stattdessen halten Laufenten die Rebflächen frei von Schädlingen. Bei der *Duck Parade* kannst du zusehen, wie Hunderte der Tiere gleichzeitig zur Arbeit in den Gärten aufbrechen. Ein unvergesslicher Anblick *(tgl. um 9 und 12 Uhr)*! Ach ja, die Weine sind auch köstlich. *Tgl. 9–17 Uhr | Baden Powell Drive | Faure | vergenoegd.co.za*

INSIDER-TIPP
Wein-Watscheln

ESSEN & TRINKEN

TOKARA

Hier hat das Auge erst Zeit mitzuessen, wenn es sich an der tollen Aussicht auf die Wine Lands sattgesehen hat. Das Restaurant ist etwas für Fans exotischer Delikatessen: Auf der Speisekarte stehen z. B. Muscheln mit Apfel und Banane. *Mi–Sa 12–15 und 18–21 Uhr, So nur Lunch | Helshoogte Pass | Tel. 02 18 85 25 50 | tokararestaurant.co.za | €€€*

96 WINERY ROAD

Das Restaurant liegt etwas außerhalb auf der Zandberg-Farm. In einem entspannten Garten-Idyll werden Delikatessen wie das Karoo-Lamm serviert. Und die Kellner beraten dich gern, welcher Wein dazu am besten passt. *Tgl. 8.30–15, Mo–Sa auch 18–21 Uhr | Zandberg-Farm | Winery Road | an der*

R 44 | Tel. 02 18 42 20 20 | 96winery road.co.za | €€

RUND UM STELLENBOSCH

1 VERGELEGEN ★

25 km von Stellenbosch, 30 Min. mit dem Auto über die R 44

Wann immer hohe Staatsgäste in Kapstadt zu Gast sind und ein Weingut besuchen wollen: Sie kommen hierher. Das 1700 gegründete Anwesen verdankt seinen Namen („vergelegen" bedeutet „abgelegen") dem Umstand, dass man damals drei Tage mit dem Ochsenkarren hierhin unterwegs war. Das Weingut ist mit einem idyllischen Rosengarten, mächtigen Bäumen und weiten Wiesenflächen berauschend schön – und auch kulturell interessant: So gibt es z. B. eine Bibliothek, deren rund 4500 Bände zum Teil noch aus dem 17. Jh. stammen. Etwas Zeit solltest du auch unter den imposanten, alten Eichen verbringen. *Weinproben und -verkäufe tgl. 9–16 Uhr | Eintritt 10 Rand | Lourensford Road | Somerset West | Tel. 02 18 47 21 00 | vergelegen.co.za |* *U18*

PAARL

(U17) **Der Ort am Berg River ist benannt nach dem Peerlbergh, einem 700 m hohen Granitfelsen, der nach Regenfällen in der Sonne glänzt wie eine Perle.**

In Paarl (190 000 Ew.) stehen viele Häuser und Kirchen im viktorianischen Stil, meist an der Main Street. Außerdem ist hier die weltgrößte Weingenossenschaft KWV zu Hause. Die Stadt hat auch historische Bedeutung: Paarl gilt als die Heimat der

Ausgezeichnete Tropfen lagern im Keller der Weingenossenschaft KWV in Paarl

Kreolsprache Afrikaans (die erste Tageszeitung in Afrikaans, „Die Afrikaanse Patriot", wurde 1875 hier gedruckt), und Nelson Mandela verbrachte hier seine letzten Jahre im Arrest.

SIGHTSEEING

PAARL MOUNTAIN NATURE RESERVE

Der Nationalpark erstreckt sich rund um das Wahrzeichen der Stadt: Im Zentrum steht der 500 Mio. Jahre alte Granitfelsen, den nur geübte Kletterer besteigen können. Alle anderen können im Park wandern. *Okt.–März tgl. 7–19, April–Sept. 7–18 Uhr | Jan Phillips Mountain Drive | Eintritt Sa/So 25 Rand, Mo–Fr frei | Tel. 02 18 07 62 31*

WEINGÜTER

FAIRVIEW

Die Farm ist berühmt für vorzüglichen Käse aus Schafs-, Kuh- und Ziegenmilch.

Im Café stellst du dir deine eigene Käseplatte zusammen und verkostest die Häppchen anschließend mit einem Glas Wein von der Farm. *Tgl. 9–17 Uhr | Suid Agter Paarl Road | Suiderpaarl | Tel. 02 18 63 24 50 | fairview.co.za*

KWV WINE EMPORIUM ★

Die Touren der 1918 gegründeten Kooperatieve Wijnbouwers Vereniging beginnen mit einem Infofilm zur Weinproduktion. Dann wird man durch die riesigen Hallen des Guts geführt und kostet sich schließlich durch die vielfach ausgezeichneten Weine, Brandys, Schnäpse und Gins. *Führungen Mo–Fr 10 und 12, Sa/So 10 Uhr (Touren auf deutsch müssen eine Woche zuvor gebucht werden) | 70 Rand | Kohler Street | Tel. 02 18 07 30 07 | kwv.co.za | 2 Std.*

RUND UM PAARL

2 EXOTIC ANIMAL WORLD

16 km von Paarl, 15 Min. mit dem Auto über die Autobahn N 1

ARREST IN PAARL

Die letzten Jahre seiner Haftzeit verbrachte Nelson Mandela nicht auf Robben Island, sondern in einem Haus auf dem Gelände des Groot-Drakenstein-Gefängnisses in Paarl. Das Gefängnis an der R 301 zwischen Paarl und Franschhoek hatte damals allerdings einen anderen Namen: Victor-Verster-Gefängnis. Die Apartheidsregierung wollte mit Mandelas Verlegung in das komfortable Anwesen ein Zeichen des guten Willens setzen. Mandela fand an der Architektur des Hauses, aus dem er am 11. Februar 1990 entlassen wurde, so großen Gefallen, dass er es in seiner Heimatstadt Qunu nachbauen ließ. Weil das Gefängnis um das Haus noch immer in Betrieb ist, gibt es keine Möglichkeit, die letzte Station Mandelas auf dem Weg in die Freiheit zu besichtigen.

Ein kleines Stück Regenwald in den Wine Lands: Hier wanderst du durch die Glashäuser des Zoos und beobachtest handtellergroße Schmetterlinge und Mini-Antilopen. Aber Vorsicht: Nicht über die freilaufenden Leguane stolpern! *Tgl. 9–17 Uhr | Eintritt 88, Kinder 49 Rand | Route 44 | exoticanimalworld.co.za | 2 Std. | U17*

3 SAFARI-RESORTS

130 km von Paarl, 2 Std. mit dem Auto über Schnellstraße/Autobahn

Nicht mit dem vollen „Out of Africa"-Gefühl, aber dafür malariafrei und in Stadtnähe gibt es zwei Wildtierfarmen, die Safaritouren und Übernachtungen anbieten: *Aquila Safari (R46 | Touws River | Tel. 02 14 30 72 60 | aquilasafari.com | V17)* und *Inverdoorn Game Reserve (R356 | Ceres | Tel. 02 14 22 00 13 | inverdoorn.com | V17).*

FRANSCH-HOEK

(U17) **Klein-Frankreich in Südafrika: ★ Franschhoek (18 000 Ew.) wurde 1688 von Hugenotten gegründet, die wegen ihres Glaubens Frankreich verlassen mussten.**

Weil damals durch die Bergketten noch Elefantenherden streiften, hieß der Ort zunächst Olifantshoek („Elefantenecke"). Dann kamen Weingüter, Straßen und Restaurants, die bis heute französische Namen tragen. Franschhoek gilt als die Gourmetmetropole des Westkaps.

SIGHTSEEING

FARM SANCTUARY SA

Kennst du Pigcasso? Die Schweinedame brachte es zu Weltruhm, weil ihre abstrakten Gemälde Rekordpreise erzielen. Auf einer Farmtour kann man die exzentrische Kunstsau besuchen und mit ein wenig Glück – und dem entsprechenden Kleingeld – malt dir die Meisterin in ihrem Atelier ein Bild. Natürlich hat Pigcasso auch eine Botschaft: Joanne Lefson kümmert sich auf ihrer Farm um misshandelte Tiere und will mit Pigcasso ein Zeichen gegen Massentierhaltung setzen. *Tgl. 9–16 Uhr | Dirkie Uys Street | Eintritt frei | Anmeldung unter Tel. 06 73 62 31 65 | farmsanctuarysa.org | 1 Std.*

ESSEN & TRINKEN

LA PETITE FERME

Wunderbar ist die Aussicht aufs Franschhoek-Tal, zu der man eine für die Region berühmte Lachsforelle oder leckere kapmalaiische Spezialitäten bestellt. *Lunch tgl. 12–15.30, Dinner Mai–Okt. 18.30–20.30, Nov.–April 18.30–21 Uhr | Franschhoek Pass | Tel. 02 18 76 30 16 | lapetiteferme.co.za | €€€*

LE QUARTIER FRANÇAIS

Wer sich für keines der exquisiten Gerichte entscheiden kann, bestellt ein Degustationsmenü, eine Zusammenstellung der besten Delikatessen, die jeweils mit dem dazu passenden Wein serviert werden. Das Luxushotel beherbergt ein Restaurant für Fine Dining und ein Café, wo es etwas lockerer zugeht. *Tgl. 12–22 Uhr | 16 Huguenot Road | Tel. 02 18 76 21 51 | leeucollection.com | €€€*

REUBEN'S ★
Reuben Riffel ist ein Star der südafrikanischen Küche, sein Restaurant gewann schon etliche Auszeichnungen. Riffel verbindet einheimische Kochkunst mit internationalen Küchenstilen. *Tgl. 12–15 und 18.30–21 Uhr | 2 Daniel Hugo Street | Tel. 02 18 76 37 72 | reubens.co.za | €€€*

AUSGEHEN & FEIERN

LA MOTTE
Im schicken Weinkeller werden am Wochenende Klassikkonzerte gegeben. Es spielen renommierte Künstler, die der Einladung von Besitzerin Hanneli Koegelenberg, selbst eine bekannte Mezzosopranistin, gerne folgen. Anschließend gibt's Häppchen und Wein. *Eintritt 230 Rand (Reservierung empfohlen) | 6 km außerhalb (an der R 45) | Tel. 02 18 76 80 00 | la-motte.com*

RUND UM FRANSCH-HOEK

4 BOSCHENDAL
25 km von Franschhoek, 30 Min. mit dem Auto über die R 45
Eine der ältesten und schönsten Weinfarmen Südafrikas: Der Weinkeller, erbaut im kapholländischen Stil, stammt aus dem Jahr 1685, in einem der ehemaligen Herrenhäuser ist das Restaurant *The Werf (So–Mi 8–17, Do–Sa 8–21 Uhr | Tel. 02 18 70 42 74 | €€€)* untergebracht, und im *Tasting Room* kannst du den besten Blanc de Noir der Wine Lands probieren, für den das Weingut bekannt ist. *Pniel Road | Groot Drakenstein | Tel. 02 18 70 42 00 | boschendal.com |* *U17*

Die berühmte Lachsforelle des Restaurants La Petite Ferme

GUT ZU WISSEN

DIE BASICS FÜR DEINEN STÄDTETRIP

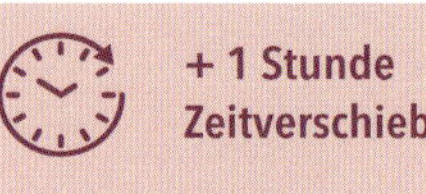

+ 1 Stunde Zeitverschiebung

nur während der europäischen Winterzeit

ANKOMMEN

ANREISE

Die meisten der großen Fluglinien fliegen Kapstadt an. Günstig und schnell sind Condor, Ethiopian Airlines und Turkish Airlines. Wem Komfort wichtiger ist, der sollte bei Emirates oder Lufthansa buchen. Auch Edelweiss Air/ Swiss bietet Direktflüge von Europa aus an. Am günstigsten sind die Flüge im südafrikanischen Herbst zwischen April und Juni. In der Hochsaison zwischen Dezember und März steigen die Kosten leicht über 1000 Euro. Der *Cape Town International Airport (20 km vor Kapstadt)* ist klein, hat aber internationalen Standard. Alle Mietwagenfirmen haben am Flughafen eine Niederlassung. Fluginformationen: *Tel. 086 7277888 | 021 9371200 | airports.co.za*

EINREISEBESTIMMUNGEN

EU-Bürger erhalten das Touristenvisum mittels Stempel bei der Einreise. Achtung Familien: Vor Kurzem haben Südafrikas Behörden strenge Auflagen für die Ein- und Ausreise mit Kindern erlassen, später aber wieder gelockert. Es wird empfohlen, dass Minderjährige neben einem Pass auch eine Geburtsurkunde und eine beglaubigte Übersetzung von dieser ins Englische bei sich führen. Über die aktuellen Bestimmungen informiert man sich am besten vor der Abreise beim *Department of Home Affairs (dha.gov.za)* oder bei der südafrikanischen Botschaft.

Unterwegs auf dem Chapman's Peak Drive

KLIMA & REISEZEIT

Die Jahreszeiten sind in Südafrika denen in Europa entgegengesetzt. Die wärmsten Monate am Kap sind mit durchschnittlich 25° C am Tag Dez.–März. Dank des Atlantiks ist das Klima mediterran und meist angenehm. Deutlich heißer ist es in den Wine Lands. Beliebteste Reisezeit ist die Spanne Sept.–April. Regen fällt am Kap hauptsächlich in den Wintermonaten (Juni–Aug.). Dann fallen die Temperaturen bis auf etwa 5° C.

Adapter Typ C

220 Volt Netzspannung
Adapter auch an der Hotelrezeption oder im Supermarkt

MOBIL SEIN

AUTO

In Südafrika wird links gefahren. Es gelten Tempolimits: 120 km/h auf Autobahnen, 80–100 km/h auf Landstraßen, 60 km/h in der Stadt. Auf den Stadtautobahnen in und um Kapstadt solltest du vorsichtig fahren, denn an den Grundsatz, nur rechts zu überholen, hält sich kaum jemand. Außerdem muss man die Fahrbahn häufig mit Radfahrern und Fußgängern teilen. Benzin kann man in bar oder mit Kredit- und Debitkarte bezahlen.

MIETFAHRZEUGE

Weil ein umfassendes öffentliches Nahverkehrssystem in Kapstadt nicht existiert, ist ein Mietwagen eine dringende Empfehlung. Du benötigst dafür einen internationalen Führerschein. Das Mindestalter ist 23, viele Autovermietungen bestehen darauf,

Im Minibustaxi: Gute Laune hilft im täglichen Verkehrschaos

dass man den Führerschein schon mehr als zwei Jahre besitzt. Die großen Vermieter: *Avis (Tel. 08 61 02 11 11 (*) | avis.co.za)*, *Budget (Tel. 08 61 01 66 22 (*) | budget.co.za)*, *Europcar (Tel. 08 61 13 10 00 (*) | europcar.co.za)*, *Bluu Car Rental (Tel. 08 61 01 77 22 (*) | bluucarrental.com)* und *Hertz (Tel. 08 61 60 01 36 (*) | hertz.co.za)*. Preiswerter ist es, wenn du bei *Around about Cars (Tel. 02 14 22 40 22 | aroundaboutcars.com | Kundenservice auch auf Deutsch)* einen Wagen buchst. In Kapstadt gibt es zudem Unternehmen, die sich auf Motorroller und Motorräder spezialisiert haben, z.B.: *Cape Bike Travel (Tel. 02 14 24 50 13 | capebiketravel.com)*.

ÖFFENTLICHER NAHVERKEHR

Die roten Explorer-Busse fahren im 15-Min.-Abstand zwei Routen ab und funktionieren nach dem Hop-on-Hop-off-Prinzip. Man zahlt 275 Rand für einen Tag und lässt sich an verschiedenen Punkten absetzen. Eine günstige und sichere Alternative ist das *MyCiti-Netzwerk (myciti.org.za)*. Die modernen Busse fahren Orte in der Stadt an sowie nach Camps Bay und entlang der Westküste bis nach Table View. Deine elektronische Fahrkarte kannst du an allen größeren Stationen und in ausgewählten Supermärkten kaufen und aufladen.

PARKEN

In der Innenstadt sind tagsüber offizielle Park Marshalls in orangefarbener Uniform unterwegs. Bei ihnen bezahlt man im Voraus. Solltest du später zu deinem Wagen zurückkehren, zahlst du nach. Keine Strafzettel, kein Abschleppen. Abends und außerhalb der Innenstadt wird meist jemand auf dich zukommen und dir ein Zeichen geben, dass er auf dein Auto aufpasst. Die meisten Park Guards tragen eine neongelbe Weste, arbeiten in eigenem Auftrag und haben keine Befugnis, dir Geld abzuverlangen. Da aber die Straßen durch sie sicherer geworden sind, wird ihre Arbeit für gewöhnlich mit 4–5 Rand honoriert.

TAXI

Unter dem Begriff Taxi werden in Kapstadt die Minibustaxis verstanden: Das sind vollgestopfte Kleinbusse, die vor allem zwischen den Townships und der Stadt hin und her pendeln.

Sie sind häufig in Unfälle involviert. Wer ein reguläres Taxi für sich allein möchte, sollte nach einem Metered Taxi fragen – z. B. *Excite (Tel. 02 14 48 44 44)* oder *Unicab (Tel. 02 14 86 16 00)*. Der Taxidienst *Uber* ist in Südafrika stark vertreten ebenso wie die meist günstigere Alternative *Bolt*. Lade dir die App runter, du sparst Geld und reist sicherer als mit den örtlichen Taxis. Die Fahrt mit dem Taxi vom Flughafen in die Stadt dauert etwa 30 Min. und kostet ca. 250 Rand.

VOR ORT

AUSKUNFT

Die Touristeninformationen leisten sehr gute Hilfestellung bei der Buchung von Ausflügen, Sportangeboten und Abendveranstaltungen. Sie befinden sich am Flughafen (Ankunftsbereich) und im Botanischen Garten Kirstenbosch.

FEIERTAGE

1. Jan.	Neujahr
21. März	Tag der Menschenrechte
März/April	Karfreitag, Ostern (So/Mo)
27. April	Tag der Freiheit
1. Mai	Tag der Arbeit
16. Mai	Tag der Jugend
9. Aug.	Nationaler Frauentag
24. Sept.	*Heritage Day*
16. Dez.	Tag der Versöhnung
25./26. Dez.	Weihnachten

GEPÄCKAUFBEWAHRUNG

Die meisten Hotels und auch kleinere Guesthouses bewahren Gepäck nach dem Check-out gerne kostenlos auf. Für alle, die mobil sein wollen, gibt es an Touristen-Hotspots zahlreiche Anbieter, die ab 80 Rand/Tag deinen Koffer vor dem Abflug bewachen, z. B. *Radical Storage (radicalstorage.com)*. *Bag Drop (bagdrop.co.za)* bietet zusätzlich auch Abholung und Lieferung an. Bezahlt wird, je nach Anbieter, via App oder Kreditkarten-Link.

INTERNET

Bei den meisten Guesthouses und Hotels ist Internet im Preis inbegriffen, auch Cafés bieten oft kostenlos WLAN an. Bei längeren Reisen empfiehlt es sich, bei einem der Netzwerkanbieter (z. B. Cell C, Vodacom oder MTN) eine südafrikanische Sim-Karte fürs Smartphone zu kaufen. So kannst du preiswert und unterwegs surfen.

ÖFFNUNGSZEITEN

Geschäfte im Zentrum schließen Mo–Fr schon um 17 Uhr, Sa am frühen Nachmittag. Bis 21 Uhr haben die Läden der Shoppingmalls geöffnet. Die

GRÜN & FAIR REISEN

Du willst beim Reisen deine CO_2-Bilanz im Hinterkopf behalten? Dann kannst du deine Emissionen kompensieren *(atmosfair.de; myclimate.org)*, deine Route umweltgerecht planen *(routerank.com)* oder auf Natur und Kultur *(gate-tourismus.de)* achten. Mehr über ökologischen Tourismus erfährst du hier: *oete.de* (europaweit); *germanwatch.org* (weltweit).

meisten Supermärkte schließen zwischen 20 und 21 Uhr. Sonntags sind nur die Läden der Shoppingmalls und die Supermärkte geöffnet.

WAS KOSTET WIE VIEL?

Seilbahn	24 Euro *auf den Tafelberg hin und zurück*
Kaffee	1,60 Euro *für eine Tasse im Café*
Wein	2,80 Euro *für ein Glas im Restaurant*
Biltong	3,20 Euro *für eine Tüte auf die Hand*
Taxi	14 Euro *vom Flugahfen in die Stadt*
Holzgiraffe	30–75 Euro *je nach Größe*

POST

Öffnungszeiten sind Mo–Fr 8.30–17, Sa 8–12 Uhr. Briefe nach Europa kosten zwischen 8 und 14 Rand. Teuer ist das Verschicken von Paketen, außerdem brauchen diese oft Wochen. Beim Verschiffen von Weinkisten oder sperriger Handwerkskunst sind meist die Weingüter bzw. der Fachhandel behilflich. Eine zuverlässigere Alternative zur staatlichen Post ist das private PostNet mit zahlreichen Filialen.

SPRACHE

Südafrika hat 12 Amtssprachen. Für den Großteil der Südafrikaner ist Englisch nur Zweitsprache, zu Hause sprechen die meisten Afrikaans, isiZulu oder isiXhosa. Trotzdem ist Englisch die gängigste Alltagssprache zwischen den einzelnen Volksgruppen und vor allem in Kapstadt kann man sich damit gut verständigen. Straßenschilder sind meist auf Englisch und Afrikaans, Hinweistafeln zusätzlich auf isiXhosa.

STADTFÜHRUNGEN

Es gibt unzählige Anbieter, die Touren durch das moderne und historische Kapstadt anbieten. Für ein kleines Trinkgeld kann man sich einer an sich kostenlosen *Stadt- und Themenführung (freewalkingtourscapetown.co.za)* anschließen. Besondere Erlebnisse und Einblicke in das Leben der Kapstädter bietet *Culture Connect (cultureconnectsa.com).*

TELEFON & HANDY

Meist hast du mit deinem deutschen Handy über einen südafrikanischen Roamingpartner Empfang. Du kannst aber auch eine südafrikanische Prepaidkarte einsetzen, die du bei Anbietern in der Stadt oder am Flughafen bekommst. Einige deutsche Prepaidhandys müssen für diesen Gebrauch jedoch vorher entsperrt werden. *Airtime* (neues Guthaben) bekommst du in Supermärkten, Shoppingmalls oder an Tankstellen. Vorwahl nach Deutschland: 0049, nach Österreich: 0043, in die Schweiz: 0041; Vorwahl nach Südafrika aus dem Ausland: 0027.

TICKETVERKAUF

Theatervorstellungen, Messebesuche und Ausflüge sollte man entweder nur direkt beim Anbieter oder bei einem akkreditierten Händler kaufen. Online gibt es zwei Portale, bei denen man zusätzlich auch Eintritte zu diversen Touristenattraktionen vorbuchen kann: *Webtickets (webtickets.co.za)* und *Computicket (computicket.com)*. Bezahlt wird per Kreditkarte oder bar im nächsten Supermarkt. Dort kannst du dein Ticket auch gleich abholen, oder du druckst es in deinem Hotel aus.

TRINKGELD

10 bis 15 Prozent der Gesamtsumme sind in Restaurants und Bars üblich. An der Tankstelle gibt man 5–10 Rand, Parkwächtern ca. 5 Rand.

ÜBERNACHTEN

Die Spannbreite reicht von Fünf-Sterne-Hotels mit Meerblick bis hin zu Backpacker-Hostels. Für welche Unterkunft man sich entscheidet, sollte man vor allem von der Lage abhängig machen: Wer gehobenes Ambiente schätzt, fühlt sich in Camps Bay oder an der Promenade von Sea Point wohler als in der Innenstadt. In Observatory ist die Backpackerszene zu Hause. Camping gilt aufgrund der hohen Kriminalität außerhalb der Touristenzentren als unsicher. Die Preise sind allgemein noch moderat und vor allem in der Nebensaison (Mai–Mitte Sept.) und bei längeren Aufenthalten verhandelbar. Günstige Unterkünfte findet man auf den Plattformen *airbnb.com* und *booking.com*. Hier stellen viele Kapstädter ihre Wohnungen zur Zwischenmiete ein.

UMSATZSTEUER

Südafrika erhebt 15 Prozent Umsatzsteuer (VAT). Die bekommst du als Ausländer zurück, das ist aber relativ aufwendig. Besser, du planst mindestens eine halbe Stunde zusätzlich vor deinem Abflug ein. Am Flughafen musst du an einem Schalter nach der Sicherheitskontrolle die Ware, die du ausführst, sowie die Belege vorweisen und ein Formular ausfüllen. Die Auszahlung erfolgt auf dein europäisches Konto, dauert aber mehrere Monate. Infos unter *vatrefundagency.co.za*

WÄHRUNG & GELD

Die südafrikanische Währung ist der Rand (ZAR); 1 Rand = 100 Cent. Im Umlauf sind Münzen zu 5, 10, 20, 50 Cent und zu 1, 2 und 5 Rand sowie Banknoten zu 10, 20, 50, 100 und 200 Rand. Der Rand steht in einem günstigen Wechselkurs zum Euro; das Preisniveau liegt deshalb unter dem deutschen. Am sichersten ist es, Bargeld mit EC-Karte an Bankautomaten in Shoppingmalls oder an Tankstellen abzuheben. Hier achtet Sicherheits- bzw. Tankstellenpersonal darauf, dass du ungestört die *ATM (Automatic Teller Machine)* nutzen kannst. Bei den ATMs der *Absa Bank* (rote Farbe) kannst du ganz zu Beginn deine Sprache auswählen, darunter auch Deutsch. Lass dir nicht von Fremden helfen, heb nie Geld an entlegenen Automaten ab. So gut wie alle Restaurants, Hotels und Geschäfte akzeptieren die gängigen Karten.

INSIDER-TIPP
Sicher an Bares kommen

Auch kontaktlose Kartenzahlung ist fast überall möglich. Informier dich vor der Abreise bei deiner Bank, ob deine Karte auch für Reisen außerhalb der EU freigegeben ist. Wenn du deine Karte verloren hast, helfen lokale Banken bei der Bestellung der Ersatzkarte. Bei Kreditkartenverlust am besten sofort den allgemeinen Sperrnotruf (rund um die Uhr erreichbar) wählen: *Tel. 0049 116116*

ZOLL

Du darfst 1 l Spirituosen, 200 Zigaretten und Waren im Wert von 5000 Rand zollfrei einführen. Die Ausfuhr von geschützten Pflanzen und Tieren ist verboten. Bei der Rückkehr in die EU sind zollfrei: 200 Zigaretten, 1 l Spirituosen, 4 l Wein, 16 l Bier und Waren im Gesamtwert von 430 Euro. Infos: *zoll.de*

NOTFÄLLE

DIPLOMATISCHE VERTRETUNGEN

Deutsches Generalkonsulat

Mo–Fr 8.30–11.30 Uhr | 4 Stirling Street/Roeland Park | Zonnebloem | Tel. 02 14 05 30 00

Österreichisches Honorargeneralkonsulat

Di, Mi 9–11.30 Uhr | 1A Lower Scott Road | Observatory | Tel. 06 31 31 97 66

Schweizer Generalkonsulat

Mo–Fr 9–12 Uhr | Two Foreshore Place (32nd Floor), 2 Riebeek Street | Central | Tel. 02 14 00 75 00

GESUNDHEIT

Für Kapstadt und Umgebung benötigst du keine Schutzimpfung. Die medizinische Versorgung ist gut; es gibt Apotheken, Ärzte und Krankenhäuser. Im Notfall: *Mediclinic (21 Hof Street | Oranjezicht | Tel. 02 14 64 55 00)*. Die Rechnung musst du bar oder mit Karte begleichen, deshalb solltest du vor der Abreise eine Auslandskrankenversicherung abschließen. Das Kapstädter Leitungswasser kannst du trinken. Da es an manchen Tagen aber stark nach Chlor schmeckt, kannst du auf die 5-l-Wasserkanister aus dem Supermarkt zurückgreifen.

NOTFALLNUMMERN

Polizei: *10111*
Ambulanz: *10177*
Allgemeiner Notruf in Kapstadt: *107*
Allgemeiner Notruf vom Handy: *112*
Notfälle am Tafelberg: *02 14 80 77 00*
Seenotrettung: *08 29 11*

WICHTIGE HINWEISE

KRIMINALITÄT

Das subjektive Sicherheitsgefühl der Südafrikaner ist in den letzten paar Jahren zurückgegangen. Vor allem Bandenkriminalität treibt die Kriminalitätsrate in die Höhe; auch unschuldige Passanten werden zu Opfern. Die Innenstadt und die Vororte, in denen die Mittel- und Oberschicht lebt, sind davon aber nicht betroffen. Planst du eine Township-Tour, erkundige dich vorher bei deinem Touranbieter, wie es um die Sicherheit steht.

SCHWIMMEN

Das eiskalte Atlantikwasser aus der Antarktis solltest du nicht unterschätzen. Häufig kommt es auch zu sogenannten Brandungsrückströmungen, die selbst geübte Schwimmer auf das Meer hinaustreiben. Sicher schwimmt man hingegen an den gekennzeichneten Stränden, wo Lifeguards auf einen aufpassen, oder in den vom Ozean abgetrennten Meerwasserpools.

TIERE FÜTTERN

Die Klippschliefer am Tafelberg oder die Paviane am Kap der Guten Hoffnung mögen niedlich und hungrig aussehen. Trotzdem sollte man sie nicht füttern. Das ist nicht nur verboten, auch für dich selbst besteht Gefahr, da beide Tiere kräftig zubeißen können.

WASSER- UND STROMENGPÄSSE

Kapstadt erlebte zuletzt mehrere Dürren, die teilweise drohten, die Wasserversorgung lahmzulegen. Die Kapstädter haben die wertvolle Ressource neu schätzen gelernt. Wer verantwortungsbewusst Urlaub machen will, fragt im Hotel nach, wie man die Wassersparmaßnahmen unterstützen kann. Darüber hinaus ist Südafrika phasenweise von Stromausfällen betroffen. Die kontrollierten Abschaltungen dauern in Kapstadt 2,5 Std. an. Hotels und Supermärkte verfügen meist über Stromgeneratoren.

WETTER IN KAPSTADT

Hauptsaison
Nebensaison

	JAN.	FEB.	MÄRZ	APRIL	MAI	JUNI	JULI	AUG.	SEPT.	OKT.	NOV.	DEZ.
Tagestemperaturen	27°	27°	26°	23°	20°	18°	18°	18°	19°	21°	24°	25°
Nachttemperaturen	17°	17°	16°	13°	11°	9°	9°	9°	11°	12°	14°	16°
Sonnenschein Stunden/Tag	11	11	10	8	7	6	6	7	8	9	10	11
Niederschlag Tage/Monat	3	2	3	6	9	9	10	9	7	5	4	3
Wassertemperatur	18°	19°	19°	18°	17°	16°	15°	14°	15°	16°	17°	18°

Sonnenschein Stunden/Tag Niederschlag Tage/Monat Wassertemperatur

SPICKZETTEL ENGLISCH

SMALLTALK

ja/nein/vielleicht	yes/no/maybe	jäs/nəu/mäibi
bitte/danke	please/thank you	plihs/θänkju
Wie bitte?	Pardon?	'pahdn?
Gute(n) Morgen!/Tag!/ Abend!/Nacht!	Good morning!/ afternoon!/evening!/ night!	gud 'mohning/aftə'nuhn/ ihwning/nait
Hallo!/Auf Wiedersehen!	Hello!/Goodbye!	hə'ləu/gud'bai
Ich heiße …	My name is …	mai näim is …
Wie heißt du?/Wie heißen Sie?	What's your name?	wots jur näim?
Ich komme aus …	I'm from …	aim from …
Entschuldigen Sie!	Excuse me!	iks'kjuhs mi
Das gefällt mir (nicht).	I (don't) like this.	ai (dəunt) laik Dis
Ich möchte …	I would like to …	ai wudd 'laik tə …

ZEIGEBILDER

ESSEN & TRINKEN

Die Speisekarte, bitte.	The menu, please.	Də 'mänjuh plihs
Könnte ich bitte … haben?	May I have …, please?	mäi ai häw …, plihs?
Messer/Gabel/Löffel	knife/fork/spoon	naif/fohrk/spuhn
Salz/Pfeffer/Zucker	salt/pepper/sugar	sohlt/'päppə/'schuggə
Essig/Öl	vinegar/oil	'viniga/oil
Milch/Sahne/Zitrone	milk/cream/lemon	milk/krihm/'lämən
mit/ohne Eis/ Kohlensäure	with/without ice/gas	wiD/wiD'aut ais/gäs
Vegetarier(in)/Allergie	vegetarian/allergy	wätschə'täriən/'ällədschi
Ich möchte zahlen, bitte.	May I have the bill, please?	mäi ai häw De bill plihs
Rechnung/Quittung	bill/receipt	bill/ri'ssiht
bar/ec-Karte/Kreditkarte	cash/ATM card/ credit card	käsch/äi ti äm kahrd/ krädit kahrd

NÜTZLICHES

Wo ist …?/Wo sind …?	Where is …?/ Where are …?	'weə is…?'weə ahr …?
Wie viel Uhr ist es?	What time is it?	wot 'taim is it?
heute/morgen/gestern	today/tomorrow/ yesterday	tə'däi/tə'morəu/'jästədäi
Wie viel kostet …?	How much is …?	'hau matsch is …
Wo finde ich einen Internetzugang/WLAN?	Where can I find internet access/Wifi?	'weə känn ai faind 'internet 'äkzäss/waifai?
Hilfe!/Achtung!/ Vorsicht!	Help!/Attention!/Caution!	hälp/ə'tänschən/'koschən
Apotheke/Drogerie	pharmacy/chemist	'farməssi/kemist
Fieber/Schmerzen	fever/pain	fihvə/peyn
kaputt/funktioniert nicht	broken/doesn't work	'brəukən/'dasənd wörk
Panne/Werkstatt	breakdown/garage	'bräikdaun/'gärasch
Fahrplan/Fahrschein	schedule/ticket	'skädjuhl/'tikət
0/1/2/3/4/5/6/7/8/9/ 10/100/1000	zero/one/two/three/ four/five/six/seven/ eight/nine/ten/(one) hundred/(one) thousand	'sirou/wan/tuh/θri/fohr/ faiw/siks/'säwən/äit/nain/ tän/('wan) 'handrəd/ ('wan) θausənd

KAPSTADT FEELING

ZUM EINSTIMMEN & AUSKLINGEN

LESESTOFF & FILMFUTTER

FARBENBLIND

Südafrikas bekanntester Comedian Trevor Noah kam 1984 im Township Soweto zur Welt, als Sohn einer Xhosa und eines Schweizers. Zu Zeiten der Rassentrennung wurde er „als Verbrechen geboren" – daher der Originaltitel seiner Biografie („Born a Crime", 2017).

TODSÜNDE

Strafversetzt in das scheinbar ruhige Weinbaustädtchen Stellenbosch, gerät ein Top-Kommissar unfreiwillig in seinen nächsten großen Fall. Deon Meyer gilt als Meister des südafrikanischen Krimis (2021).

BLOOD & WATER

Das Leben könnte so leicht sein – wenn man nicht schön, jung und privilegiert wäre. Die Serie (seit 2020) beleuchtet den Alltag einer Gruppe Jugendlicher an einer Kapstädter Eliteschule. Auch ernste Seiten sind Thema: Menschenhandel, Korruption, Bandengewalt.

MANDELA – DER LANGE WEG ZUR FREIHEIT

Die brillante Verfilmung (2013) von Nelson Mandelas Autobiografie. Sie erzählt mit Starbesetzung (u. a. Idris Elba, Naomie Harris) vom Freiheitskampf des Friedensnobelpreisträgers.

PLAYLIST QUERBEET

0:58

MANGO GROOVE – HOMETALK
Die Afropop-Band bestand schon während der Rassentrennung aus Musikern verschiedener Hautfarben.

MIRIAM MAKEBA – THE CLICK SONG
So schön klicken wie sie konnte niemand: Musiklegende Makeba machte ein traditionelles Xhosa-Lied weltberühmt.

FRESHLYGROUND – DOO BE DOO
Ein wahrer Sommerhit: jung, unkompliziert und südafrikanisch

JOHNNY CLEGG – SCATTERLINGS OF AFRICA
Zulutänze und Freiheitslieder – der „weiße Zulu" war eine Ikone.

ZAHARA – MGODI
Die viel zu früh verstorbene Sängerin galt als Queen des Afro-Soul.

Den Soundtrack zum Urlaub gibt's auf **Spotify** unter **MARCO POLO South Africa**

Oder Code mit Spotify-App scannen

AB INS NETZ

CAPE TOWN WEBCAM
Schon mal vor der Reise Lust, live in Kapstadt vorbeizuschauen? Die Webcams *(capetown-webcam.com)* geben einen Einblick.

CAPE WINELANDS TOURISM APP
Die App bietet eine interaktive Karte von Weingütern, Restaurants und Sehenswürdigkeiten in den Winelands; mit Veranstaltungstipps.

CAPE TOWN MAGAZINE
Das Online-Magazin *capetownmagazine.com* bringt aktuelle Berichte über Veranstaltungen, stellt neue Bars und Cafés vor. Dazu gibt es Ausgeh- und Eventtipps u.a. in seinem wöchentlichen Newsletter „7 Things this Weekend". Die deutsche Ausgabe *(kapstadt magazin.de)* ist weniger aktuell, bietet Besuchern aber einen tollen Überblick.

CAPE TOWN ETC
Das Stadtmagazin bringt Hintergründe und Lifestylethemen, Vorschläge für Aktivitäten und Nachrichten. Am Flughafen kannst du das gleichnamige Hochglanzmagazin kaufen.

TRAVEL PURSUIT

DAS MARCO POLO URLAUBSQUIZ

Weißt du, wie Kapstadt tickt? Teste hier dein Wissen über die kleinen Geheimnisse und Eigenheiten von Stadt und Leuten. Die Lösungen findest du in der Fußzeile. Und ganz ausführlich auf den S. 20–25.

❶ Wie werden am Kap die Paviane genannt, die Touristen gern den Lunch stehlen?
a) Baboons
b) Bonobos
c) Banana-bons

❷ Woraus wird kein Biltong gemacht?
a) Strauß
b) Springbock
c) Esel

❸ Welcher Ethnie gehört in etwa die Hälfte aller Kapstädter an?
a) weiß
b) schwarz
c) coloured

❹ Der Cape Doctor…
a) wird stark gewürzt nach dem Essen genossen
b) bläst v. a. in den Sommermonaten
c) ist eine angesagte Telenovela im südafrikanischen TV

❺ Auf Afrikaans findet man Kapstadt…
a) lekker
b) supper
c) gutt

❻ Welchen Ursprung haben laut einer Sage die Nebelschwaden um den Tafelberg?
a) Fliegende Hexe
b) Pupsender Riese
c) Rauchender Pirat

Lösungen: 1a, 2c, 3c, 4b, 5a, 6c, 7a, 8c, 9b, 10a, 11c, 12b

Diese Damen finden ihre Heimatstadt supper, lekker oder gutt?

7 Welches Kapstädter Bauwerk ist bis heute unvollendet?

a) Autobahnbrücke
b) Wolkenkratzer
c) Hafenkai

8 Warum sind die „Tampontürme" bei vielen Kapstädtern so unbeliebt?

a) Sie haben keinen Aufzug.
b) Während der Bauarbeiten war drei Jahre lang die Autobahn gesperrt.
c) Sie verschandeln den Blick auf den Tafelberg.

9 Der Südafrikaner Trevor Noah…

a) war der erste gebürtige Afrikaner, der in das US-Repräsentantenhaus einzog
b) moderierte eine beliebte Satiresendung in den USA
c) doubelte Morgan Freeman in „The Dark Knight"

10 Woran erkennt man meist die informellen Parkwächter, die dich beim Parken anweisen?

a) Gelbe Warnweste
b) Orange Hosen
c) Leuchtende Armbinde

11 Wen rufen traditionelle Heiler, sogenannte Sangomas, an, um mehr über die Gesundheit ihres Patienten zu erfahren?

a) Naturgeister
b) Den Wetterdienst
c) Die verstorbenen Ahnen

12 Weshalb blieben in den letzten Jahren etliche Pools in und um Kapstadt geschlossen?

a) Weil Rettungsschwimmer in Streik gingen
b) Weil es nach Dürren zu Wassermangel kam
c) Weil Hitzewellen das Schwimmen zu gefährlich machten

REGISTER

Adderley Street 16
Adderley Street Night Market 97
Bartolomeu Diaz Museum Complex 120
Bastille Day 97
Bay Harbour Market 79
Big Bay 50
Bloubergstrand 50
Bo-Kaap 38, **42**
Bo-Kaap Museum 42
Boschendal 135
Boulders Beach 53
Bree Street 82
Buffelsfontein Visitor Centre 54
Butterfly World & Animal Sanctuary on Route 44 133
Camps Bay 17, **47**, 49, 82, 89
Cape Flats 49
Cape Point 54
Cape Quarter **76**, 86
Cape Town Cycle Tour 96
Cape Town Funny Festival 97
Cape Town Holocaust Centre 35
Cape Town International Jazz Festival 97
Cape Town Met Pferderennen 96
Cape Town Ostrich Ranch 50
Cape Town Pride 96
Castle of Good Hope 35
Central Beach 124
Chapman's Peak Drive 54
China Town 80
City Bowl 30, 35
City Hall **36**, 89
Claremont 76
Clifton 47, 86
Company's Garden **31**, 107
Coon Carnival 42
Darling 89
De Goede Hoop-Tempel 33
De Hoop Nature Reserve 125
De Waterkant 17, 39, 86
Derde Steen 51
Devil's Peak 30, **44**
Die Braak 130
District Six 22, 35
District Six Museum 35
Duiker Island 55
Fairview 133
False Bay **51**, 71
Farm Sanctuary SA 134
Featherbed Nature Reserve 123
Franschhoek 97, 126, **134**
Garden Route 116
Gardens 30
George 121
Government Avenue 31
Grand Parade 36
Green Point 39
Green Point Park 39, 114
Green Point Stadium 39, 114
Greenmarket Square 38
Groot Constantia 46
Groote Kerk 36
Groote-Schuur-Krankenhaus 44
Hermanus 97, 125
Highgate Ostrich Show Farm 122
Hobie Beach 124
Houses of Parliament **32**, 108
Hout Bay 55, 78, 81
Imizamo Yethu Township 106
Jeffreys Bay 125
Jonkershoek Nature Reserve 130
Kalk Bay 52, 74
Kap der Guten Hoffnung 53
Kenilworth 80, 96
Keurboomstrand 125
Khayelitsha 98
Kirstenbosch 45
Kirstenbosch National Botanical Gardens 44
Klein Karoo 122
Kloof Nek 45
Kloof Street 30
Knysna 97, 117, **122**
Kommetjie 54
Kooperatieve Wijnbouwers Vereniging 133
KWV Wine Emporium 133
Langa (Township) 49, 78
Lion's Head 30, **48**
Little Lion's Head 47
Llandudno 47
Long Street **30**, 86
Lower Main Road 44, 83, 110
Milnerton 50, 76, 79, 80
Minstrel Carnival 96
Mossel Bay 116, **120**
Muizenberg **52**, 79, 125
Nature's Valley 125
Neighbourgoods Market 79
Noon Gun 43
Noordhoek 54
Observatory 17, **43**, 83, 86, 110
Old Lutheran Church 130
Oranjezicht 30
Oudtshoorn 117, **121**
Outeniqua-Pass 121
Oyster Festival 97
Paarl 81, 126, **132**
Paarl Mountain Nature Reserve 133
Pan African Market 31
Platteklip Gorge 45
Plettenberg Bay 123
Prestwich Memorial 39
Rhodes Memorial 44
Robben Island 38, **42**
Robberg Island Nature Reserve 124
Rocking the Daisies 97
Safari-Resorts 134
Sandy Bay 47
Santos Beach 121
Scarborough 54
Sea Point 49
Sea Point Pavillon Pool 115
Signal Hill 30, 43, 49
Simon's Town 53, 125
South African Jewish Museum 35
South African National Gallery 34
Spiceroute 130
Spier 130
St George's Cathedral 38
St James 52
Stellenbosch 126, **130**
Table Bay 42
Tafelberg 17, 24, 26, 30, **45**
Tamboerskloof 30
The Heads 123
The Heart of Cape Town Museum 44
The Old Slave Lodge 36
Tide Pools 52
Townships 17, **49**, 106
Tsitsikamma National Park 116, **125**
Tuynhuis 32
Twelve Apostles 47
Two Oceans Aquarium 40
Two Oceans Marathon 96
Tygerber 51
Vergelegen 132
Vergenoegd 131
Victoria & Alfred Waterfront **39**, 74, **76**
Vredehoek 30
Waterfront 38
We Are Still Here Memorial 36
Whale Festival 97

Wilderness National Park 121
Wine Lands 126
Woodstock 112
Zeitz MOCAA (Zeitz-Museum für Zeitgenössische Afrikanische Kunst) 42
Zonnebloem 22
Zwölf Apostel 47

LOB ODER KRITIK? WIR FREUEN UNS AUF DEINE NACHRICHT!

Trotz gründlicher Recherche schleichen sich manchmal Fehler ein. Wir hoffen, du hast Verständnis, dass der Verlag dafür keine Haftung übernehmen kann.

MARCO POLO Redaktion • MAIRDUMONT • Postfach 31 51
73751 Ostfildern • info@marcopolo.de

Impressum
Titelbild: St. James Beach (AWL Images: I. Trower)
Fotos: W. Dieterich (10, 32, 39, 45, 50, 81, 124, 132); DuMont Bildarchiv: Selbach (131); J. Frangenberg (126/127); Huber- images: R. Taylor (88); huber-images: A. Armellin (2/3), J. Foulkes (8/9, 11, 46/47), Gräfenhain (4, 53), R. Taylor (Klappe vorne außen, Klappe vorne innen, 1); huber-images/TC (14/15); Huber-imahes: J. Foulkes (116/117); Laif: M. Gumm (87), H. Meyer (55); Laif/Le Figaro Magazine: Frances (111); mauritius images/Alamy (43, 68), G. Balfour Evans (120), I. Dagnall (34), M. Goddard (54), B. Harrington III (56/57, 70/71, 100/101), Kiel (13), Y. Levy (61), E. Nathan (146/147), F. Reglain (98/99), E. Remsberg (96/97), S. Schnepf (26/27), K. Sriskandan (22), T. Wege (25); mauritius images/Alamy/Alamy Stock Photos/Hoberman Publishing (65); mauritius images/Alamy/Dbimages (135); mauritius images/Alamy/Incamerastock (75); mauritius images/Alamy/RosalreneBetancourt 6 (148/149); mauritius images/Alamy/Zoonar GmbH (31, 92/93); mauritius images/Axiom Photographic : C. Caldicott (62); mauritius images/Greatstock Photografic Library/Alamy (138); mauritius images/Hemis.fr: R. Mattes (6/7); mauritius images/Imagebroker: D. Bleyer (82/83); mauritius images/imagebroker: W. Dieterich (76), N. Eisele-Hein (48); mauritius images/imageBROKER: F. von Poser (66); mauritius images/imagebroker/White Star: R. I. Kubo (78, 91); mauritius images/photononstop: D. Schneider (12); mauritius images/Radius Images (122); mauritius images/White Star/imageBROKER: Ryogo i Kubo (40); M. Schönherr (151); shutterstock: Craig Mackay (21), LM Spencer (16/17), Tayvay (94/95), Jürgen Wallstabe (106); T. Stankiewicz (136/137)

9., aktualisierte Auflage 2024

Autoren: Anja Jeschonnek, Kai Schächtele, Markus Schönherr
Redaktion: Martin Silbermann, Bildredaktion: Gabriele Forst
Kartografie: © 2024 KOMPASS-Karten GmbH, A-6020 Innsbruck; MAIRDUMONT, D-73751 Ostfildern (S. 102–103, 108, 112–113, 115, Umschlag innen, Umschlag außen, Faltkarte); © 2024 KOMPASS-Karten GmbH, A-6020 Innsbruck; DuMont Reiseverlag, D-73751 Ostfildern (S. 105); © 2024 KOMPASS-Karten GmbH, kompass.de unter Verwendung von © OpenStreetMap Contributors, osm.org/copyright (S. 28–29, 33, 37, 41, 58–59, 72–73, 84–85, 118–119, 128–129)
Als touristischer Verlag stellen wir bei den Karten nur den De-facto-Stand dar. Dieser kann von der völkerrechtlichen Lage abweichen und ist völlig wertungsfrei.
Gestaltung Cover, Umschlag und Faltkartencover: bilekjaeger_Kreativagentur mit Zukunftswerkstatt, Stuttgart; Gestaltung Innenlayout: Langenstein Communication GmbH, Ludwigsburg
Spickzettel: in Zusammenarbeit mit PONS Langenscheidt GmbH, Stuttgart
Konzept Coverlines: Jutta Metzler, bessere-texte.de

Printed in Poland

MARCO POLO AUTOR
MARKUS SCHÖNHERR
Eigentlich wollte Markus Schönherr nur sechs Wochen lang bei einer Zeitung in Südafrika mitarbeiten. Doch dann kam Kapstadt dazwischen. Mittlerweile berichtet er seit 13 Jahren als Korrespondent deutschsprachiger Zeitungen und Magazine aus der „Mother City". Neben dem politischen Geschehen in Afrika auch über die Menschen, die diese Region so einzigartig machen.

BLOSS NICHT!

FETTNÄPFCHEN UND REINFÄLLE VERMEIDEN

BETTELNDEN KINDERN GELD GEBEN

An vielen Straßenkreuzungen herrscht Hochbetrieb, sobald die Ampeln auf Rot springen. Auch wenn es schwerfällt: Gib bettelnden Kindern kein Geld. Besser, du spendest stattdessen an ein lokales Hilfsprojekt.

IM AUTO LASSEN, WAS EINEM LIEB IST

Ob Geldbeutel, Kamera oder Kleidung: Lass nichts im Auto, was anderen gefallen könnte – vor allem nicht deinen MARCO POLO Reiseführer ;)

DEN TAFELBERG UNTERSCHÄTZEN

Über das Verhalten vieler Touristen schütteln Kapstädter den Kopf: Nur mit Kamera und Sonnenmilch ausgerüstet, glauben sie, es sei ein Spaziergang, den Tafelberg zu besteigen. Diesen Irrtum merken viele erst, wenn sie im Nebel herumirren. Informier dich über's Wetter, pack die notwendige Ausrüstung ein und geh nie allein.

IN DEN BERUFSVERKEHR GERATEN

An Werktagen zwischen 6.30 und 9.30 Uhr verstopfen unzählige Autos und Minitaxis die Highways in die Innenstadt. Die Folge sind zähe Staus, die bis ins Stadtzentrum anhalten. Abends wiederholt sich das Drama in die Gegenrichtung.

NACHTS AUF DIE BERGE GEHEN

So schön die Aussicht aufs nächtliche Kapstadt auch sein mag: Du solltest vermeiden, allein auf dem Parkplatz des Signal Hill zu stehen oder den Lion's Head zu erklimmen. Aber wenn du in einer Gruppe oder umgeben von anderen Genießern bist, kannst du das Bild unbeschwert erleben.